À plus!

2

Méthode intensive

Carnet d'activités

Cornelsen

À plus! 2 Méthode intensive
Carnet d'activités mit Audio-CD

im Auftrag des Verlages erarbeitet von
Catherine Jorißen und Michèle Héloury

und dem Verlagsbereich Fremdsprachen in der Schule
Dr. Yvonne Petter (Projektleitung), Lucie Drevon, Sabrina Battaglini (Bildassistenz)
Beratende Mitwirkung: Anke Rogge (Bonn)

Lay-out: Regelindis Westphal
Satz: Satzinform, Berlin
Umschlaggestaltung: Klein & Halm Grafikdesign, Berlin
Illustrationen: Laurent Lalo
Umschlagfoto: © Schapowalow/SIME

Fotos: © Corbis/image100/RF, S. 7 (rechts); Corbis/RF: © Hollingsworth, S. 12 (rechts) – © Cornelsen, Drevon, S. 76 (Mitte oben), S. 76 (rechts); Lavielle, S. 13; Schulz, S. 5, S. 44, S. 65, S. 84; Cornelsen/IPS, S. 85 (links u. 2. v. links) – Fotolia.com: © Carle, S. 76 (unten rechts); © Devanne, S. 76 (2. v. links oben); © Ducouret, S. 76 (links); © Elisseeva, S. 69 (rechts); © Pfluegl, S. 69 (links); © Fotolia.com/artivista, S. 86 (2. v. oben rechts); © Fotolia.com/dotshock, S. 76 (2. v. links unten); © Fotolia.com/Foto.fritz, S. 12 – © JUSTswift/panthermedia, S. 80 – © mauritius images / Pixland / RF, S. 7 (links). © A1Pix, S. 40 (rechts) – © Agence ANA, S. 86 (3. v. oben rechts) – Andia: © Blondel, S. 86 (Mitte unten) – Corbis/photocuisine: © Riou, S. 40 (links) – Das Fotoarchiv: © Arslan, S. 85 (Mitte) – laif/REA: © Hanning, S. 86 (oben rechts) – © Manoli Weber, S. 81 – mauritius images: © Otto, S. 85 (2. v. links); © Truffy, S. 86 (Mitte oben); © Waldkirch, S. 56 – © Okapi, S. 85 (links) – photothek.net: © Grabowski, S. 25 – Sipa: © Tschaen, S. 86 (links).
Illustrationen: S. 32, S. 36: © Okapi n° 822, 15 mars 2007; S. 72: © Okapi n° 825, 1er mai 2007 – S. 78: © Tardi-Pennac, La Débauche, Futurpolis Gallimard, 2000.
Texte: S. 25: © Pocket Jeunesse, Collection Gagne! 2003, Jacques Lindecker „En route pour la gloire" – S. 52: © Éditions Michel Quintin, Waterloo (Québec) 1978, Michel Noël „Dompter l'enfant sauvage" – S. 75: © Jacques Lebouteiller „Le facteur des solitudes", 1992.

www.cornelsen.de

1. Auflage, 4. Druck 2012

Alle Drucke dieser Ausgabe sind inhaltlich unverändert
und können im Unterricht nebeneinander verwendet werden.

Druck: Himmer AG, Augsburg

Schülerheft:
ISBN 978-3-06-020338-3

Lehrerfassung:
ISBN 978-3-06-020339-0

Inhalt gedruckt auf säurefreiem Papier aus nachhaltiger Forstwirtschaft.

Bonjour tout le monde!

1 *Le français peut t'aider à comprendre d'autres langues romanes même sans les connaître, ce qui est très utile! Fais l'essai. Lis ces mots italiens et espagnols et note le mot en français.* Die französische Sprache kann dir dabei helfen, andere romanische Sprachen zu verstehen, ohne dass du sie kennst. Es ist sehr hilfreich: Probiere es aus! Lies diese spanischen und italienischen Wörter, und finde das entsprechende französische Wort heraus. (→ Méthodes p. 131, Wörter erschließen)

Italienisch	Spanisch	Französisch
amare	amar	________________
buono/-a	bueno/-a	________________
l'erba	la hierba	________________
il latte	la leche	________________
il pane	el pan	________________
la mano	la mano	________________
il piede	el pie	________________
pensare	pensar	________________
la capitale	la capital	________________
il libro	el libro	________________
come	como	________________
la porta	la puerta	________________
verde	verde	________________

2 **a** *Retrouve le texte de la carte postale et écris-le dans ton cahier. Ajoute les accents où il faut et n'oublie pas la ponctuation.* Vergiss die Interpunktion und die Akzente nicht!

b *À toi! Écris un message dans ton cahier comme en* **a** *pour ton voisin / ta voisine.*

3 *Choisis un thème et trouve le plus de mots possible. Écris-les dans ton cahier.* (→ Liste alphabétique, p. 210)

la rentrée la mer la ville le sport la famille
les vêtements la nature les aliments[1]

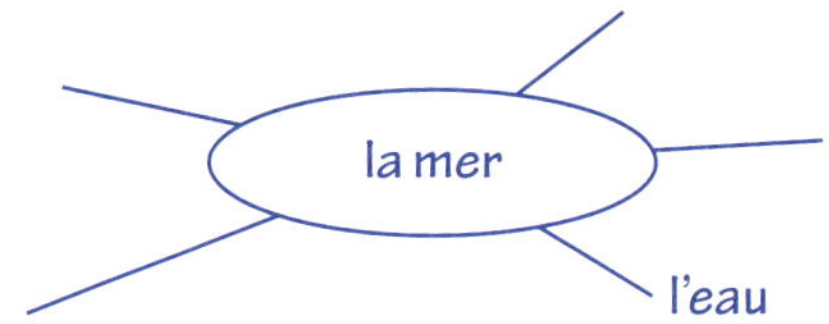

1 **les aliments** *m.* die Nahrungsmittel

4 *C'est mercredi. Céline et sa copine Romane font un tour en ville. Formule les réponses de Romane.*

1. *Céline:* Qu'est-ce que tu veux faire?

   Romane: (Sie möchte shoppen.) ______________________________

2. *Céline:* On va au «Soundmax» écouter le dernier CD de Faudel?

   Romane: (Sie möchte lieber Kleider anprobieren.) ______________________________

3. Céline: On va aux Galeries Lafayette?

   Romane: (Sie ist einverstanden.) ______________________________

4. *Céline:* Regarde ces tee-shirts! Les couleurs sont magnifiques!

   Romane: (Sie findet, dass ihre Freundin recht hat. Sie fragt nach dem Preis.) ______________________________

   ____

5. *Céline:* 10 euros les deux!

   Romane: (Sie findet, es ist ein Schnäppchen! Sie nimmt gleich vier davon.) ______________________________

   ____

6. *Céline:* Regarde! Essaie ce pantalon, il est super!

   Romane: (Sie sagt, dass dies nicht in Frage kommt. Die Hose kostet 120 Euro und das ist viel zu teuer.)

   ____

5 **a** *Lis la carte de Nicolas à ses grands-parents.*

b *Nicolas raconte ses vacances dans son journal. Réécris ce texte dans ton cahier, et utilise le passé composé.*

1 **le château** das Schloss
2 **le duc** der Herzog

Chère mamie, cher papi,

Je passe quelques jours en Bretagne avec mon copain Damien et ses parents. On fait du camping à La Baule. On va à la plage, on nage, on fait du bateau. Avec Damien et ses parents, nous explorons la Bretagne. Nous allons à Nantes. J'aime beaucoup cette ville. Nous visitons des choses très intéressantes comme le château[1] des ducs[2] de Bretagne ou le musée Jules Verne.
Grosses bises et à bientôt!

Nicolas

UNITÉ 1 À Marseille

Approches

1 *Traduis ces phrases dans ton cahier.*

1. Ah, du bist es!
2. – Ist das Alex? – Nein, das ist er nicht. – Doch, das ist er!
3. Laura und Paul gehen in die Stadt? Ich möchte mit ihnen gehen!
4. – Bist du das, rechts auf dem Bild? – Ja, das bin ich.
5. Clara und Mathilde sind nicht da. Wir werden ohne sie anfangen.
6. – Kann ich mit euch zu Liane gehen? – Wir gehen nicht zu ihr!

2 **a** *Complète les phrases par un pronom personnel disjoint ou un pronom d'objet indirect.*

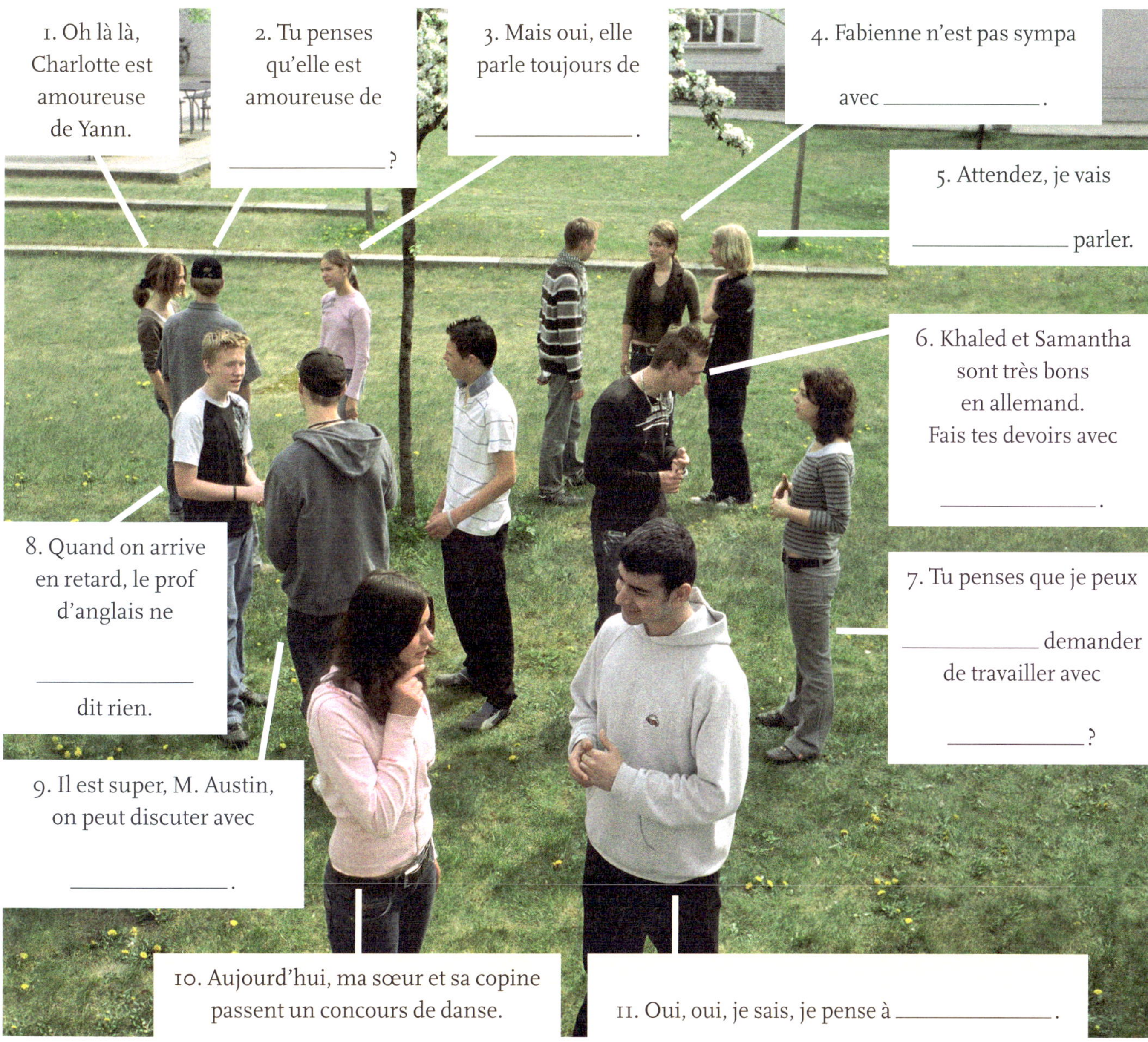

1. Oh là là, Charlotte est amoureuse de Yann.
2. Tu penses qu'elle est amoureuse de ____________ ?
3. Mais oui, elle parle toujours de ____________ .
4. Fabienne n'est pas sympa avec ____________ .
5. Attendez, je vais ____________ parler.
6. Khaled et Samantha sont très bons en allemand. Fais tes devoirs avec ____________ .
7. Tu penses que je peux ____________ demander de travailler avec ____________ ?
8. Quand on arrive en retard, le prof d'anglais ne ____________ dit rien.
9. Il est super, M. Austin, on peut discuter avec ____________ .
10. Aujourd'hui, ma sœur et sa copine passent un concours de danse.
11. Oui, oui, je sais, je pense à ____________ .

b *Note le numéro des bulles dans la bonne colonne.*

pronom personnel disjoint	pronom d'objet indirect
____________	____________

1 *Complète le texte.* (→ Texte, p. 15)

1. Les jeunes se connaissent depuis ______________________________

____

____

2. Ils sont chez Alice et ils discutent depuis deux heures parce qu'______________________________

____

____

3. Le problème, c'est que Moussa ______________________________

____

____

4. Ils discutent aussi du ______________________________

____

____

5. Les jeunes ont encore un autre problème: ______________________________

____

____

2 *Complète ces mots-croisés.*

Le groupe met une [1] parce qu'il cherche un batteur.
De quel [2] est-ce que tu joues?
Je joue de l'[3].
Mets les livres [4], il n'y a pas de place sur le bureau.
Je n'ai pas le temps, je dois [5] avec mon groupe.
Où est-ce que tu as mis la [6] de la [7]?
Quelle est la couleur de l'[8]?
Cet après-midi, je dois [9] des prospectus.
Ma sœur joue du [10] dans un groupe de jazz.
Moi, j'ai un frère qui joue de la [11] dans un groupe de rock.
J'apprends le français [12] deux ans, et toi?

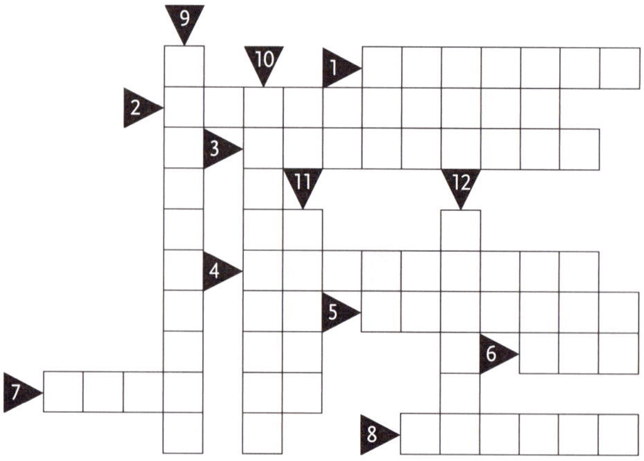

3 *Ton groupe de copains a un problème. Vous en discutez ensemble. Utilise quatre de ces expressions dans un petit dialogue. Écris dans ton cahier.*

Ça fait ___ . Je ne suis pas très chaud/e pour ___ . Ça *me* coupe l'appétit. Sans parler de ___ .
Quand on veut, on peut. Parle pour toi! Ce n'est pas mal comme ___ .

4 *Complète les phrases par* depuis *ou* il y a.

1. Jia Li habite à Marseille ______________________ l'âge de deux ans.
2. Elle a fait la connaissance d'Alice ______________________ six ans.
3. Elle connaît Sarah ______________________ deux ans.
4. ______________________ un an, elles ont organisé un spectacle avec leur école de musique.
5. ______________________ deux heures, elles sont chez Alice avec des copains, pour discuter de leur projet.
6. Elles ont eu l'idée de ce projet ______________________ deux semaines, et ______________________ , elles essayent de motiver leurs copains.

5 *Tu cherches un correspondant.*
Présente-toi dans ton cahier et utilise:

aimer ___ *détester* ___ *jouer* de / de la / du / de l'___
jouer à/au ___ *faire* de / de la / du / de l'___

6

Fais l'exercice auditif, p. 83.

7 *Complète les dialogues par des formes du verbe* connaître. (→ Les verbes, p. 153)

1. – Tu ______________________ Marseille?
   – Je ______________________ le centre, la Canebière, le Vieux-Port ...
2. – Vous ______________________ le groupe «Sniper»?
   – Non, nous ne ______________________ pas ce groupe, mais nos copains le ______________________ . Ils sont déjà allés à un de leurs concerts.
3. – J'ai une copine qui ______________________ un endroit sympa pour aller nager.
   – Où ça? Je voudrais bien le ______________________ .
4. – Où est-ce que tu ______________________ David?
   – Je l'ai rencontré pendant un concert de «Sniper».

8 *Choisis une des deux situations et imagine un dialogue. Écris dans ton cahier.*

1. Samedi 5 septembre: Jia Li, Alice, Sarah et Hugo se retrouvent pour discuter de l'endroit où ils vont répéter. Moussa arrive. C'est d'accord, il va être le batteur du groupe.

2. Samedi 5 septembre: Jia Li, Alice, Sarah et Hugo se retrouvent pour discuter de l'endroit où ils vont répéter. Alice est triste parce que Moussa ne va pas venir. Il a dit «non»: il préfère le foot au groupe.

9 *Complète les phrases. Utilise le déterminant* tout *et les mots de la liste.*

copines famille journée jours matins samedis soirée temps voyage

1. ______________________, je me lève à sept heures.
2. Il faut manger des fruits ______________________.
3. On répète ______________________ à quatre heures.
4. On a pris le train à deux heures et j'ai dormi pendant ______________________.
5. Samedi prochain, c'est l'anniversaire de mon père: ______________________ va venir.
6. Quelle vie! On travaille ______________________ et on regarde la télé ______________________.
7. C'est beau ici, mais il pleut ______________________.
8. Pourquoi est-ce que tu n'as pas invité ______________________ à ton anniversaire?

10 **a** *Complète par un adjectif de couleur:* rouge, vert, blanc, noir *(2 x)*, bleu, rose. *Tu peux vérifier la solution dans un dictionnaire.* (→ Méthodes, p. 145)

1. Elle est ______________________ comme une cerise.
2. Il est ______________________ de jalousie.
3. On a eu une peur ______________________.
4. Il est entré dans une colère ______________________.
5. Elle a passé une nuit ______________________.
6. Elle a les idées ______________________.
7. Ce n'est pas tout ______________________.

b *Comment est-ce qu'on peut traduire ces expressions en allemand? Écris dans ton cahier.*

Réviser les adjectifs

11 *Mets les adjectifs à la bonne place et fais l'accord si nécessaire.*

1. Tu as une ______________ jupe ______________ ? (nouveau)
2. J'aime bien Lydie, mais c'est une ______________ fille ______________. (curieux)
3. Léon a toujours des ______________ idées ______________. (intéressant)
4. Alors, tu as passé de ______________ vacances ______________ ? (bon)
5. M. Nicodet est un ______________ prof ______________. (jeune)
6. Vanessa, c'est la fille avec la ______________ veste ______________. (court)

Lecture

12 *Fais ce test.*

C'est le jour de la rentrée …

1 Ce jour-là, tu es:
- ▲ en pleine forme.
- ● content/e parce que tu vas revoir les copains.
- ■ très déprimé/e[1].

2 Tu penses:
- ▲ encore aux vacances.
- ■ déjà au programme de la rentrée.
- ● à … à quoi déjà? Tu ne sais plus.

3 De quoi est-ce que tu as besoin?
- ● De nouvelles baskets.
- ▲ De repartir en vacances.
- ■ De solidarité[2] et de sympathie[3].

4 Cette année, ça va être:
- ■ très dur.
- ● pas trop dur.
- ▲ très facile!

5 La rentrée, c'est retrouver:
- ■ les devoirs.
- ▲ les copains.
- ● la routine[4].

6 Tu vas travailler:
- ■ là, maintenant, tout de suite.
- ● à la fin du 2e trimestre.
- ▲ un tout petit peu …

7 Tu penses à la rentrée:
- ▲ le jour de la rentrée.
- ● deux semaines avant la rentrée.
- ■ pendant toutes les vacances.

1 **déprimé/e** deprimiert 2 **la solidarité** die Solidarität
3 **la sympathie** die Sympathie 4 **la routine** die Routine

Les résultats du test

Tu as cinq ■ et plus. Tranquille!!!! Tu te fais trop de soucis. Travaille sérieusement, mais pas de panique! Et pense aussi aux bons moments.

Tu as cinq ● et plus. Tu as du mal à commencer l'année. Quand tu penses à tous ces devoirs qui t'attendent, tu n'as envie de rien faire. Mais les copains sont là, heureusement …

Tu as cinq ▲ et plus. Les vacances t'ont fait du bien et tu es prêt(e) pour commencer cette nouvelle année. Pour toi, tout va bien!

1 **a** *Vrai* V *ou faux* F *? Remplis la case.* (→ Texte, p. 18)

1. ☐ Alice et sa mère vivent seules.
2. ☐ Madame Desjardin est employée dans un hôtel de Marseille et fait du yoga.
3. ☐ Alice ne peut pas répéter dans leur appartement parce que sa mère a mal aux oreilles.
4. ☐ Hugo vit dans le centre de Marseille avec ses parents, ses deux frères et la mère de sa mère.
5. ☐ Hugo et ses frères aident beaucoup leurs parents.
6. ☐ Hugo va pouvoir répéter chez eux parce que sa mère aime beaucoup la musique.
7. ☐ Sarah habite avec ses parents dans une maison.
8. ☐ Dans la maison, il y a un atelier pour le père de Sarah qui est sculpteur.
9. ☐ Sarah voudrait répéter dans l'atelier, mais M. Rozier en a besoin le dimanche.
10. ☐ M. Rozier propose son garage à sa fille pour répéter.

b *Corrige les phrases fausses dans ton cahier.*

2 **a** *Trouve les 20 noms de métiers dans la grille.*

b *Écris dans ton cahier les noms de métier masculins et féminins et essaye d'expliquer comment on forme le féminin des noms de métier.*

B	A	C	P	D	O	S	G	E	N	D	A	R	M	E
S	R	H	U	E	U	I	A	V	U	O	I	R	D	E
E	S	A	L	N	T	O	R	D	I	C	U	A	I	S
R	U	N	E	T	S	X	U	I	S	U	R	C	A	F
V	I	T	A	I	C	A	L	S	O	M	A	T	R	E
E	D	E	G	S	C	U	L	P	T	E	U	R	C	S
U	H	U	I	T	O	P	A	S	I	N	N	I	R	M
S	U	R	V	E	I	L	L	A	N	T	E	C	E	O
E	G	A	R	D	I	E	N	S	L	A	T	E	B	N
D	C	O	M	M	E	R	C	I	A	L	D	U	N	I
I	H	R	O	S	M	A	I	N	O	I	F	V	I	T
R	A	M	N	U	P	R	O	F	E	S	S	E	U	R
E	N	E	I	I	L	I	O	C	Y	T	F	N	O	I
C	T	S	T	D	O	P	H	X	Y	E	S	D	I	C
T	E	R	E	A	Y	F	I	T	E	R	I	E	M	E
E	U	H	U	S	É	O	H	A	C	T	E	U	R	D
U	S	E	R	V	E	U	R	S	A	U	T	S	I	L
R	E	V	R	E	L	I	R	V	E	N	D	E	U	R

3 **a** *Trouve les mots et écris-les dans ton cahier. Ajoute l'article défini des noms.*

b *Aide-toi des mots que tu connais déjà pour apprendre ces nouveaux mots. Tu peux utiliser différentes stratégies.* (→ Méthodes, p. 131)

Exemple:
le bruit: écouter, entendre, la musique, le chant, la radio, le feux d'artifice

consonnes	voyelles	
b r t	i u	le bruit
t l r	a e e i	
c l n t	i e	
d f f c l	e i i i	
n r v	é e é	
f t g	é u i a	
g n r l s r	é a i e é	
m p s s b l	o i i e	
m r t	o	
r c t n	i é a o	
s f	i o	
v r b s n	a o i i o e	

4 *Complète les phrases par des formes du verbe* vivre. (→ Les verbes, p. 157)

1. Elena vient d'Espagne, mais elle ________________ en France, à Marseille.
2. Ses parents aussi ________________ en France.
3. – Tu ________________ ici depuis longtemps?
4. – Ma famille et moi, nous ________________ en France depuis quatre ans.
5. – Vous ________________ depuis toujours à Marseille?
6. – Non, pendant deux ans, nous ________________ à Paris.
7. – Maintenant, je ________________ à Marseille avec mes parents. Ma sœur, elle, est restée à Paris.

5 *De quoi est-ce qu'ils parlent? Complète les phrases.*

Elle va deux fois par semaine ________________

________________ .

Il ne sort pas souvent ________________

________________ avant 17 heures.

On entend trop de choses affreuses ________________

________________ .

Je ne peux pas renoncer ________________

________________ .

On a parlé toute la soirée ________________

________________ .

Ils sont revenus ________________
avec plein de cadeaux.

1 **renoncer à qc** auf etw. verzichten

6 *Le texte suivant comporte beaucoup de répétitions. Lis-le, puis réécris-le dans ton cahier. Remplace les noms par* en *ou* y *quand c'est possible.* (→ Repères, p. 25/4)

La famille Aubier a passé quelques jours à Marseille. Ils sont arrivés à Marseille le 12 juillet et sont rentrés de Marseille le 18 juillet. Ils sont partis pour Marseille en TGV.
Ils ont visité beaucoup de choses. Bien sûr, ils sont allés sur la Canebière. Ils sont allés tous les jours sur la Canebière. Ils ont vu le Vieux-Port très pittoresque. Ils ont mangé une soupe de poisson au Vieux-Port. Ils ont visité le Jardin des Vestiges. C'était très intéressant. Ils ont vu aussi un match de foot de l'OM. L'OM a gagné. C'était un beau match. Ils ont parlé du match pendant des jours!
Ils ont aimé Marseille et ils sont repartis de Marseille avec des rêves plein la tête.

7 *C'est faux! Corrige ces phrases dans ton cahier.* (→ Repères, p. 25/7) *Utilise:*

ne ... plus (de)   ne ... pas (de)   ne ... rien

1. Aujourd'hui, après son travail, Mme Desjardin a fait de la musique.
2. Mme Desjardin pense que les voisins vont aimer la musique du groupe d'Alice.
3. Hugo et ses frères ont mis le couvert et ils ont préparé quelque chose pour le dîner.
4. Ils font plein de choses pour aider leurs parents et leur mère est contente.
5. Le groupe de musique peut répéter dans l'atelier de M. Rozier.
6. Après le dîner, Sarah a déjà trouvé une solution.
7. Elle a téléphoné à Jia Li et elle lui a tout raconté.
8. Pendant le dîner, Hugo a encore insisté pour répéter à la maison.
9. Ses frères ont dit plein de choses pour l'aider.

8

Fais l'exercice d'entraînement à la production orale, p. 87.

Réviser le passé composé

9 *Mets ce texte au passé composé.*

Après le collège, Jia Li ______________ *(rentrer)* chez elle. Elle ______________ *(faire)* ses devoirs et ensuite, elle ______________ *(lire)* sa nouvelle revue. Après, elle ______________ *(rester)* à la maison pour aider sa petite sœur à faire ses devoirs: elles ______________ *(faire)* des maths. Ensuite, elle ______________ *(préparer)* le dîner avec son frère. Quand ses parents ______________ *(rentrer)*, Jia Li leur ______________ *(parler)* de son problème et son frère ______________ *(avoir)* une idée: répéter chez un oncle. Jia Li ______________ *(téléphoner)* à Alice et les deux filles ______________ *(aller)* chez l'oncle de Jia Li.

10 **a** *Cherche les mots inconnus dans un dictionnaire et réponds dans ton cahier. Qu'est-ce qu'on peut faire et visiter dans cette région? Qu'est-ce qu'il faut voir?*

b *Tu voudrais passer des vacances en Provence avec ta famille, mais tes parents préfèrent aller ailleurs. Essaie de les convaincre[1] et propose-leur un programme. Écris dans ton cahier.*

c *Écris à un office du tourisme de la région Provence-Alpes-Côte d'Azur et demande des documents. Tu vas en avoir besoin pour l'unité 5.*

Région	Provence-Alpes-Côte d'Azur, 4 500 000 habitants, 31 400 km^2
Départements	Alpes-de-Haute-Provence, Alpes-Maritimes, Bouches-du-Rhône, Hautes-Alpes, Var, Vaucluse
Chef-lieu	Marseille
Particularités / Spécialités	– première région touristique de France (mer, montagne, soleil) – festival de théâtre à Avignon, festival de cinéma à Cannes, de musique à Orange – olives, huile d'olive, vin, lavande, fleurs, fruits, fabrication de parfum – troupeaux de moutons, troupeaux de taureaux et de chevaux sauvages en Camargue – vent: le mistral

1 **convaincre qn** jdn überzeugen

1 *Complète le texte.* (→ Texte, p. 21)

Moussa ne trouve pas __________ à son problème, alors il va voir son oncle, un jeune homme sympa et __________ qui lui __________. Le problème de Moussa est qu'il __________. Son __________ __________ n'a pas changé. Comme l'année dernière, il __________ des prospectus, il __________, il va __________ et il a beaucoup de __________. Hamadou pense que Moussa peut peut-être __________ une activité, mais Moussa lui explique que ce __________ __________ : il aime __________, il a besoin __________ __________ pour pouvoir __________ et il ne peut pas __________ __________ pour après mal jouer dans son groupe.

2 **a** *Chaque lettre de la grille est remplacée par un chiffre. Le même chiffre correspond toujours à la même lettre. Trouve le code et écris les mots. Ajoute les accents quand il faut! Voici de quoi t'aider.*

1	2	3	4	5	6	7	8	9	10	11	12	13	14	15	16	17	18	19	20
i					n					e						l			

1	6	3	11	17	17	1	9	11	6	3	11	15
9	11	6	13	11		5	11	13	6	11	13	
16	13	1	9	1	6	4	10	2		14	4	15
1	7	14	16	13	3	4	6	3		8	1	6
11	12	10	1	14	11		18	13	11	19	11	3
5	4	5	20	11	13		9	13	16	10	14	11

b *Prépare un message pour ton voisin, et dicte-lui les chiffres.*

Facultatif

3 *Comment est-ce que Léonie était avant? Comment est-ce qu'elle est maintenant? Utilise l'imparfait et le présent de l'indicatif.*

1. *avoir* les cheveux[1]

2. *porter*

3. *avoir*

4. *apprendre*

5. *perdre – gagner*

6. *lire*

7. *aller*

8. *adorer*

1 **les cheveux** *m. pl.* die Haare

4 *Comment est-ce que c'était en 2007? Écris un texte dans ton cahier.*

Lyon   collège / loin   copains très sympa   ne pas *voir* souvent   handball

(En 2009) Cette année, nous habitons à Marseille. Mon collège est à côté de chez moi. J'ai des copains très sympa. On habite dans le même quartier. Je les vois tous les jours. Je suis dans un club de foot. J'y vais une fois par semaine.

5

Fais l'exercice auditif, p. 83.

6 *C'est dimanche, Hamadou est chez son frère. Il lui explique le problème de Moussa et essaie de le convaincre[1] de donner plus d'argent de poche à son fils. Imagine un dialogue entre Hamadou et le père de Moussa et écris-le dans ton cahier. Utilise le vocabulaire de la discussion.* (→ Repères, p. 24/1)

1 **convaincre qn** jdn überzeugen

7 **a** *Ton argent de poche: pour quelles choses ou activités est-ce que tu dépenses[1] ton argent? Fais une liste dans ton cahier.*

b *Mettez vos résultats en commun et faites une statistique de vos dépenses[2].*

1 **dépenser de l'argent** Geld ausgeben 2 **les dépenses** *f.* die Ausgaben 3 **l'épargne** *f.* die Ersparnis 4 **pour cent** Prozent

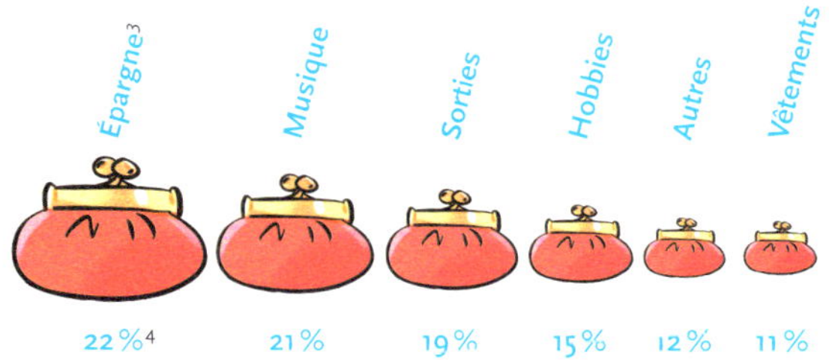

Les dépenses des jeunes Français

Bilan autocorrectif

1 Vocabulaire

Complète les phrases par des mots ou expressions de cette unité.

1. – J'_______________________. – Eh bien, bois quelque chose!

2. On travaille toute la semaine, mais _______________________, on ne fait rien.

3. – Est-ce que tu _______________________ ce stylo? – Non, tu peux le prendre.

4. Il travaille _______________________ le soir et quand il rentre, il est très _______________________ et il n'_______________________ rien faire.

5. Quels sont tes _______________________ préférés à Paris?

6. Je ne peux pas ouvrir la porte: j'ai perdu _______________________.

2 Qu'est-ce qu'on dit?

Décris les dessins. Utilise jouer à, jouer de *ou* faire de.

____

____

____

____

____

____

3 Der Begleiter „tout“ Le déterminant «tout»

Complète le texte. Utilise tout *avec l'article ou le déterminant possessif qui convient.*

_______________ jours, Moussa pense à son problème. Il y pense _______________ temps. _______________ famille lui donne des conseils. Au collège, il parle de son problème à _______________ monde. _______________ copains lui donnent des conseils différents. Mais _______________ copines lui disent de jouer dans le groupe.

4 Die Pronomen „y“ und „en“ Les pronoms «y» et «en»

Réponds aux questions.

1. Est-ce que tu as envie de sortir?

   Non, ____________________

2. Est-ce que tu as besoin de ton appareil photo?

   Oui, ____________________

3. À quelle heure est-ce que tu pars au collège?

   ____

4. Et à quelle heure est-ce que tu reviens de l'école?

   ____

5 Das unverbundene Personalpronomen Le pronom personnel disjoint

1. Il est quatre heures, les élèves sortent du collège. Pierre rentre chez ____________ .
2. Il demande à son copain Julien: «Tu rentres chez ____________ où est-ce que tu veux venir chez ____________ ?»
3. Manon et son frère rentrent chez ____________ .
4. Hélène n'attend pas ses sœurs. Elle rentre sans ____________ à la maison.

facultatif

~~6~~ Die Bildung des Imparfait La formation de l'imparfait

Mets les verbes entre parenthèses à l'imparfait.

Feuerwerk

1. Tout le monde étais *(être)* là et attendais *(attendre)* le feu d'artifices.
2. Qu'est-ce que vous faisiez *(faire)* quand vous aviez *(avoir)* le temps?
3. Quand je vivais *(vivre)* en Bretagne, je mangeais *(manger)* beaucoup de poisson.

7 Die Verneinung mit „ne … rien“ La négation avec «ne …rien»

Réponds aux questions à la forme négative.

1. – Est-ce que tu veux prendre quelque chose?

   ____

2. – Est-ce que tu as bien compris les explications?

   ____

3. – Est-ce que tu as dit quelque chose à Lewis?

   ____

Die Lösungen findest du auf S. 93.

UNITÉ 2 Où est passé Antonin?

Après le chapitre I

1 *Relis le premier chapitre et note les mots et expressions qui veulent dire la même chose que:* (→ Texte, p. 30)

1. Ils mangent ensemble.

____

2. Antonin n'habite pas chez ses parents.

____

3. Ils sont nés le même jour et ont la même mère.

____

4. Elle peut conduire[1] une voiture.

____

5. Il vient avec lui.

____

6. Elle dit pardon.

____

1 **conduire** fahren

Après le chapitre II

2 *Imagine les raisons.* (→ Texte, p. 31)

1. Antonin est parti de l'internat parce qu' ______________________________

____

____

2. Il a besoin de faux papiers parce qu' ______________________________

____

____

3. Il doit payer sa chambre tout de suite parce que ____

____

____

4. Il pleure parce qu' ____

____

____

5. Il ne veut pas parler à son frère parce qu' ____

____

____

Après le chapitre III

3 **a** *Vrai ou faux? Coche la bonne case.* (→ Texte, p. 32)

	vrai	*faux*
1. À 21 heures 30, Jacob a envoyé un message à son frère.	☐	☐
2. Juliette se ronge les ongles.	☐	☐
3. Madame Jourdan a appelé l'entraîneur du club d'Aubagne.	☐	☐
4. L'entraîneur du club d'Aubagne, c'est Monsieur Reynaud.	☐	☐
5. Madame Jourdan a voulu parler aux camarades de son fils.	☐	☐
6. Antonin a eu une mauvaise note en maths.	☐	☐
7. À 23 heures, la famille Jourdan va au commissariat.	☐	☐
8. À une heure, Juliette et Jacob vont au lit.	☐	☐

b *Corrige les phrases fausses dans ton cahier.*

Après le chapitre IV

4 *Fais un résumé de l'histoire. Utilise le présent. Les questions suivantes peuvent t'aider.* (→ Méthodes, p. 143)

Antonin est un garçon de 15 ans ____

____

____

____

Qui est Antonin?
Dans quel type d'école va-t-il?
Quel est son problème?
Que fait-il alors?
Comment finit[1] l'histoire?

1 **finir** beenden

Réviser les chiffres

5 🎧 5 *Écoute et entoure les chiffres que tu entends.*

6 *Complète.* (→ Les verbes, p. 153)

1. Tu chois_____ quel sport?
2. Je chois_____ le judo.
3. Ils réfléch_____ et réag_____ bien.
4. Au concert, nous avons beaucoup applaud_____ : le chanteur a roug_____ .
5. Nous ne réag_____ pas toujours très vite.
6. Ils ont beaucoup réfléch_____ , puis ils ont réuss_____ à trouver la solution au problème.
7. Ma sœur roug_____ tout le temps quand elle doit parler en classe.
8. Vous réuss_____ toujours votre clafoutis.

7 *Choisis le verbe et conjugue-le au temps indiqué. Écris dans ton cahier.* (→ Les verbes, p. 153)

1. Ce matin, avec Julie et Raphaëlle, on *(réfléchir/choisir/réussir)* à samedi.	*passé composé*
2. On *(vouloir/passer/réussir)* faire quelque chose avec les copains, mais quoi?	*imparfait*
3. Je *(proposer/réagir/choisir)* d'aller au club de volley.	*passé composé*
4. David, un copain que je *(aimer/préférer/détester)* bien a un match important, et on pourrait l' *(encourager/choisir/gagner)*.	*présent*
5. Julie *(réagir/réfléchir/rougir)* un moment.	*passé composé*
6. Elle *(supposer/vouloir/sortir)* aller au cinéma avec Amandine et Nicolas.	*imparfait*
7. Je *(croire/réagir/choisir)* qu'elle ne *(applaudir/réagir/aimer)* pas David.	*présent*
8. Raphaëlle ne *(chercher/vouloir/savoir)* pas choisir entre Julie et moi:	*imparfait*
elle *(trouver/proposer/réussir)* la solution.	*passé composé*
9. On *(choisir/sortir/regarder)* d'abord le match de David, et ensuite, on	*présent*
(aller/partir/réfléchir) au cinéma.	*présent*

8 **a** *Retrouve les verbes conjugués, écris-les avec le pronom personnel et l'infinitif du verbe dans ton cahier.*

b *Écris une phrase avec chaque verbe dans ton cahier.*

c *Quels verbes ont la même conjugaison? Fais des groupes et conjugue un verbe de chaque groupe au présent dans ton cahier.*

9 *Jacob écrit son blog. Il parle de sa vie avec son frère et de sa vie depuis que son frère est parti. Utilise le présent, l'imparfait ou le passé composé. Écris dans ton cahier.*

Exemple: Jusqu'à la classe de quatrième, on partageait la même chambre. Depuis qu'il fait sport-études, je suis seul dans ma chambre.

Jusqu'à la classe de 4e — *partager* la même chambre

courir le dimanche matin ensemble — se *dire* tout

être de vrais amis — *regarder* les mêmes films

rigoler comme des fous ensemble — *aider* en maths

Depuis qu'il fait sport-études — *être* / seul / chambre

ne plus *aller* / stade — lui / déjà / *écrire* / 54 SMS

courir seul / pendant trois semaines / puis / *arrêter*

faire / natation / copain — *faire* les maths / Juliette

10 *Qu'est-ce qui va ensemble?* (→ Repères, p. 39/4)

Pendant qu'il était au stade 1	a les élèves avaient cours de maths.
Ils écoutaient souvent les histoires 2	b qui venait vers lui.
Tout à coup, il a vu un homme 3	c sa sœur lui faisait toujours un clafoutis.
Il est arrivé à la gare, a mangé quelque chose 4	d et il a cherché un hôtel.
Quand le directeur est entré dans la salle, 5	e quand le téléphone a sonné.
Tout le monde dormait 6	f que leur grand-mère savait si bien raconter.

Facultatif

11 *Forme des phrases. Utilise l'imparfait et le passé composé comme dans l'exemple.* (→ Repères, p. 39/4)

1. parents / *préparer* / petit-déjeuner / mes grands-parents / *arriver*

Mes parents préparaient le petit-déjeuner quand mes grands-parents sont arrivés.

2. je / *mettre* / table / grand-mère / *entrer* / cuisine

3. on / *être* / table / *commencer* / pleuvoir

4. on / *boire* / café / la pluie[1] / *arrêter* / tomber

5. on / *jouer* aux cartes / jardin / grand-mère / *crier*

1 **la pluie** der Regen

12 *Le père de Sarah parle à sa fille de sa vie quand il était enfant. Souligne dans chaque phrase l'expression de temps correcte.*

1. *Tous les jours / Un jour,* j'allais à l'école avec mon copain Jean-Luc.
2. *Une fois / Souvent,* je devais l'attendre parce qu'il était en retard.
3. Jean-Luc était *toujours / tout à coup* très drôle et il aimait raconter des histoires.
4. *En général / Un jour,* il me racontait des histoires qui me faisaient beaucoup rire.
5. *Et puis un matin / le matin,* il n'a rien dit jusqu'à l'école.
6. *Souvent / Tout à coup,* il m'a regardé et il a pleuré.
7. *Là / Souvent,* il m'a dit: «Je vais partir d'ici.»
8. *Le lendemain / Une fois,* il n'est pas venu, et je ne l'ai jamais revu.

Réviser les pronoms personnels et déterminants possessifs

13 *Réécris les monologues intérieurs d'Antonin à la 1ère personne du singulier. Texte, p. 31: «À Aubagne … fiers de lui» (lignes 61 à 72) et «Oui, Antonin jouait bien … mal réagi» (lignes 87 à 95). Pense aux pronoms:* je, me, moi, *et déterminants:* mon, ma *et* mes. *Écris dans ton cahier.*

14

Fais l'exercice auditif, p. 83.

15 *Écris la fin des phrases. Utilise le plus-que-parfait. Pense à l'accord du participe passé conjugué avec* être.
Tu peux utiliser: vouloir / offrir / partir / être malheureuse / ne pas arriver / ne pas appeler. (→ Repères, p. 39/5)

1. Marion était vexée parce que sa copine n'avait pas voulu aller à la piscine
2. Il a perdu le portable que sa tante lui avait offert pour son anniversaire
3. Quand nous sommes arrivés à la gare, ils n'étaient pas encore arrivés
4. Ma grand-mère n'est jamais revenue dans cette ville où elle avait été malheureuse
5. Les copains se faisaient du souci parce qu'elle était partie toute seulé.
6. Ses copines voulaient savoir qui était le garçon qu'elle avait appellé hier soir.

16 *Antonin est à l'internat depuis une semaine. Il écrit une lettre à ses parents. Complète sa lettre: conjugue les verbes au passé composé, à l'imparfait ou au plus-que-parfait.* (→ Repères, p. 39/5)

Cher papa, chère maman,

Ça fait une semaine maintenant que j'habite à l'internat. Ce n'est pas facile. Le premier jour, je ________ ________ (ne pas *entendre*) le réveil[1], parce que ________ (mal *dormir*), et je ________ (*arriver*) en retard. Ça ________ (*commencer*) plutôt mal, mais le prof de maths ________ (ne rien *dire*). On ________ (*faire*) un exercice de géométrie. Je ________ (ne rien *comprendre*). C'________ (*être*) l'horreur et pourtant, je suis bon en maths. J'________ (*avoir* envie) de pleurer. À Aubagne, on ________ (ne pas *faire*) de géométrie.

À la récréation, j'________ (*discuter*) avec un jeune de ma classe. Il________ (*être*) déjà là l'année dernière. Il ________ (*dire*) qu'il ________ (*avoir*) des problèmes au début, mais que maintenant, ça allait. Après, on ________ (*avoir*) un cours de français et un cours de physique, et ensuite, on ________ (*aller*) à la cantine.

C'________ (*être*) très bon. L'après-midi, on ________ (*avoir*) sport.

Ça ________ (ne pas *être* facile), mais c'________ (*être*) sympa. Le soir, j'________ (*être*) fatigué. J'________ (bien *dormir*).

1 **le réveil** der Wecker

Réviser les prépositions

17 **a** *Conjugue le verbe au temps qui convient et utilise la préposition correcte. Il y a parfois plusieurs possibilités.*

1. Hier, Félix et son copain (*parler* avec/de) ______________________ leur cours d'histoire.
2. Marine adorait le sport: elle (*jouer* à/de) ______________________ tennis.
3. Ce soir, après les cours, je (*passer* devant/à/chez) ______________________ mon copain.
4. Je (*venir* à/de/en) ______________________ collège.
5. Mon grand frère (*habiter* à/en) ______________________ Paris pendant trois ans. Maintenant, il (*habiter* à/en) ______________________ Auvergne.
6. Regarde le garçon qui (*monter* dans/sur) ______________________ la chaise, ce n'est pas Julien?

b *Fais une phrase avec chaque verbe et la/les préposition(s) que tu n'as pas utilisée(s) en* **a**. *Écris dans ton cahier.*

18 *Prépare dix questions pour le jeu de la tour Eiffel, p. 8 et 9 du livre. Écris dans ton cahier.*

19

Fais l'exercice auditif, p. 84.

Vocabulaire et expressions

20 **a** *Trouve des mots de la même famille. Utilise la liste alphabétique, p. 210 et un dictionnaire bilingue.* (→ Méthodes, p. 145).

réussir courir rouge le sport la faute
la fête la vie jouer répondre regarder nager

____

____

____

b *Tu peux comprendre ces mots parce que tu connais un mot de la même famille. Retrouve-le.*

la discussion la réaction la profession l'excuse la réflexion des applaudissements
un entraînement les félicitations le choix la dispute

____

____

21 *Regarde les dessins. Écris un dialogue pour chaque dessin.* (→ Repères, p. 39/6)

avoir envie de

avoir besoin de

réussir à

avoir l'impression que

essayer de

avoir le droit de

22 *Fais une fiche de vocabulaire sur tout le vocabulaire du téléphone.*

La France en direct

23 *Voici les tarifs d'une société de téléphonie*[1].

a Was sind die beiden Vorteile dieser Karte?

b Mit welchen Beträgen kannst du deine Karte aufladen? Wie lange kannst du jeweils damit telefonieren?

c Im Französischen gibt es noch ein anderes Wort für SMS. Welches?

> La seule Carte à vous offrir

2€ de crédit de secours quand votre recharge est épuisée
pour appeler et envoyer des Texto®[3].

+

Votre répondeur gratuit en accès illimité
pendant toute la durée de validité de votre ligne.

EN OPTION...
« L'appel = 0,30€ » **BON PLAN**
vers SFR et fixes, jusqu'à 1h/appel pour 5€/mois et par option[4].

la semaine du lundi au vendredi de 7h à 17h **ou** **le Week-end** les samedis et dimanches de 9h à 19h

Valables en France métropolitaine.

> Des recharges à partir de 5€ seulement !

Les Classiques

1 **la société de téléphonie** der Telefonanbieter

24

Chère Sarah,

Enfin, je trouve un moment pour t'écrire. Je cours tout le temps depuis que je suis à La Charmille. La douche, le petit-déjeuner, l'école, le déjeuner, l'entraînement l'après-midi, le goûter, les devoirs, le dîner. (…)

Je te raconte mes premières aventures: on a appris qu'on était cinq de trop. Oui, tu as bien lu: nous sommes vingt … pour seulement quinze places. Enfin … je devrais dire, nous étions vingt: un élève a dit des trucs racistes et a été éliminé[1]. Un raciste n'a pas sa place dans le sport. Dans le foot, tout le monde est à égalité. Noirs, Blancs, Jaunes, la différence se fait seulement balle au pied, pas d'après la couleur.

Trois semaines ont déjà passé, sans une journée de repos[2]. Hé, je veux pas te faire pleurer! L'entraînement est super intéressant. Mais je ne sais plus si je suis une éponge[3] ou Superman. Je n'ai jamais autant[4] couru, dribblé, tiré au but … Si je compte bien, 150 % de foot et 100 % d'école, ça fait un peu trop. S'entraîner, s'entraîner, toujours s'entraîner. Nous, on voudrait faire un match!

À qui je pourrais raconter tout ça? À ma mère? Non! Aux copains de ma chambre? Ils sont comme moi. Chacun de nous sait pourquoi il est là. Pour réussir. Pour devenir une star du foot. Le père de Fabrice ne gagne pas beaucoup d'argent. Fabrice voudrait lui offrir une maison. Joe est orphelin. Plus de père, plus de mère. Il cherche sa place: footballeur professionnel, ce n'est pas mal, non? Nadir, il veut sortir de sa cité[5]. Zidane, c'est son modèle. Et moi, j'espère chaque jour que mon père est fier de moi.

Tous les quatre, on s'entend bien. C'est déjà une bonne chose. Mais si un copain est éliminé, c'est mieux que si c'était moi.

Comme nous sommes tous très bons sur le stade, ce sont nos notes qui comptent. Pour moi, le danger c'est les maths.

J'espère que tu vas trouver le temps de penser un peu à moi. Ou peut-être de me répondre.

Je t'embrasse bien fort.

Martin

D'après: Jacques Lindecker, «En route pour la gloire», Pocket Jeunesse, collection Gagne! 2003, Chapitre 10, p. 105

1 **être éliminé** von der Schule verwiesen worden sein 2 **le repos** die Ruhe 3 **l'éponge** *f.* der Schwamm 4 **autant** so viel 5 **la cité** *hier: Wohngebiet mit Problemen*

a *Réponds aux questions dans ton cahier.*

1. Qui écrit cette lettre? À qui? Pourquoi?
2. Comment s'appelle l'internat?
3. Depuis combien de temps est-ce qu'il est à l'internat?
4. Trouve l'explication du mot «orphelin» dans le texte.
5. Comment s'appellent ses trois copains?
6. Ils sont tous très bons en foot. Qu'est-ce qui est encore important?
7. Son problème en cours, c'est quoi?

b *Sarah répond à Martin. Écris sa lettre dans ton cahier.*

25

Fais le jeu de rôle, p. 89.

Bilan autocorrectif

1 Qu'est-ce qu'on dit?

Du sagst, dass

1. – du auf jdn stolz bist.

___

2. – jd sehr begabt ist.

___

3. – du Zeit brauchst, um dich vorzubereiten.

___

4. – du Angst hast, zu versagen.

___

2 Das Imparfait L'imparfait

Complète le tableau.

infinitif	présent de l'indicatif	imparfait	participe passé
	je	je réagissais	
applaudir	tu	tu	
	il	il	réfléchi
	nous choisissons	nous	
réussir	vous	vous	
	elles	elles	rougi

3 Der Gebrauch von imparfait und passé composé L'emploi de l'imparfait et du passé composé

Fabien fait du rugby en sport-études à Toulouse et il raconte. Complète son interview avec les pronoms personnels et mets les verbes au passé composé ou à l'imparfait.

Quand ___ (je / *être*) chez mes parents, ___ *(faire)* du rugby dans un petit club. Comme ___ *(être)* bon et que ___ *(aimer)* ça, mon entraîneur ___ *(dire)* de faire sport-études. Alors, ___ *(passer)* des tests et j'___ *(réussir)*. Il faut aussi avoir de bonnes notes en classe et moi ___ (toujours *être*) bon élève, mais ___ *(avoir)* quand même un peu peur. Enfin, ___ *(avoir)* de la chance et tout ___ (bien *marcher*).

4 Die Auslöser Les déclencheurs

L'entraîneur d'Aubagne raconte. Choisis l'expression de temps qui va avec les phrases.

1. Antonin jouait *souvent / ce soir-là* très bien.
2. *Ce soir-là / Quelquefois,* il a marqué trois buts.
3. *Avant / Tout à coup* il avait dribblé tous les joueurs.
4. *Souvent / Alors,* j'ai pensé qu'il doit faire sport-études.
5. *Après le match / Après les matchs,* je lui ai parlé.
6. J'en avais déjà parlé *une fois / enfin* à ses parents.

5 Das plus-que-parfait Le plus-que-parfait

Complète les phrases par des formes au passé composé, à l'imparfait ou au plus-que-parfait.

1. Ce matin, nous etions__________ *(être)* fatigués parce que nous avions regardé *(regarder)* la télé très tard.
2. Elle retournait *(retourner)* chez elle parce qu'elle avait oublié *(oublier)* son sac.
3. Je suis arrivé *(arriver)* à 14 heures parce que tu m'avais dit__ *(dire)* de ne pas venir avant midi.

6 Die Infinitivergänzung mit „de" Le complément avec «de» + infinitif

Complète par de/d' *si nécessaire.*

1. Nous avons peur ______ perdre le match parce que nous ne réagissons pas assez vite.
2. Ma copine a envie ______ aller au cinéma ce soir. Elle essaie ______ trouver quelqu'un qui veut voir le même film qu'elle.
3. Ma sœur et moi, nous aimons ______ faire du sport. Nous adorons ______ nager, alors nous avons décidé ______ aller trois fois par semaine à la piscine.
4. Mon copain a toujours l'impression ______ être très bon en sport, mais ce n'est pas vrai.

Vocabulaire

7 *Décris le match de foot. Écris dans ton cahier.*

Die Lösungen findest du auf S. 93–94.

UNITÉ 3 *Les fêtes de fin d'année*

Approches

1 **a** *Retrouve les mots et écris-les dans ton cahier.*

voyelles	consonnes
o e e	c m m r c
o u i	c s n
é o e	d c r r
e e u	l c t r
u i è e	l m r
e e	m s s
a i	p x
a i i e	p r t c p r
e a	r p s
é o	v l

b *Complète les phrases avec les mots de* **a** *. Il y a parfois plusieurs possibilités.*

1. Mon ______ Arthur, le fils de ma tante de Lyon, ne veut pas ______ à la fête de Noël parce que, pour lui, c'est surtout la fête du ______ .
2. J'adore ______ le sapin: pour moi, Noël, c'est la fête de la ______ .
3. Pour mon petit frère, Noël, c'est les cadeaux: il veut un ______ de course et un ______ mp3.
4. Nous, on fait d'abord un long ______ , après on va à la ______ de minuit: pour nous, Noël, c'est surtout la fête de la ______ .

2 **a** *Traduis ces mots en allemand. Comment est-ce qu'on forme ces mots?* (→ Méthodes, p. 131)

le vélo de course
la fête de famille
la messe de minuit

b *À toi, traduis ces mots allemands en français.* (→ Méthodes, p. 131)

das Taschengeld
das Ferienhaus
die Skipiste
der Sportwagen

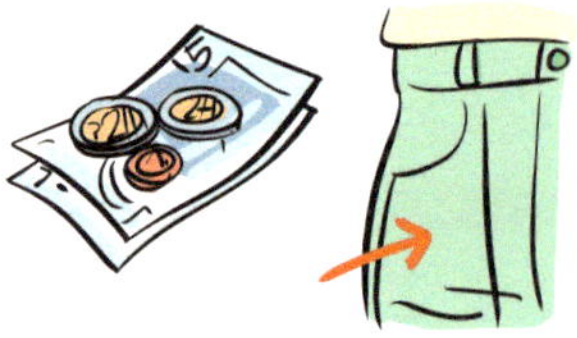

die Sporttasche
das Weihnachtsgeschenk
die Rapsängerin

3 

Fais l'exercice auditif, p. 84.

1 *C'est faux! Relis le texte, p. 48 et corrige les phrases. Écris dans ton cahier.*

1. Les Têtes Vertes répètent toujours au même endroit.
2. Moussa fait partie du groupe.
3. Les Têtes Vertes ont regardé un film avant de répéter.
4. L'histoire se passe à Noël, pendant la Deuxième Guerre mondiale[1].
5. Hugo n'a pas aimé le film, parce que le film est trop joyeux.
6. Ce film, c'est un message contre le racisme.
7. Pour Moussa, Noël, c'est surtout une question de religion.
8. Les garçons sont trop sentimentaux.

1 **la Deuxième Guerre mondiale** der Zweite Weltkrieg

2 *Noël, qu'est-ce que c'est pour chacun des cinq jeunes? Écris dans ton cahier.*

3 *Complète les phrases suivantes par une forme du verbe* plaire *et* se taire. (→ Les verbes, p. 156)

4 *Présente les personnes dans ton cahier.* (→ Repères, p. 59/3)

Utilise:

être de/du/des ___
habiter à/au(x)/en / près de ___
venir de/du/des ___

1. Svenja et Judith / Allemagne / Ismaning / Munich

2. M. et Mme Grote / Pays-Bas / Amsterdam

3. Paola / Italie / Rome

4. Ahmed et Faiza / Tunisie / Tunis

5. M. Martin / Poissy / banlieue de Paris

6. Les Vignac / Tadoussac / Québec

7. *Imagine.*

5 **a** 9 *Écoute. Est-ce qu'il y a une liaison entre la préposition et le nom du pays / de la région? Coche la bonne case*[1].

	1	2	3	4	5	6	7	8	9	10	11	12	13	14	15
[n]	X														
[z]															
/															

b *Écoute encore une fois, et souligne*[2] *en rouge les noms de pays/régions féminins, et en bleu les noms de pays/régions masculins.*

Algérie Maroc Tunisie Amérique États-Unis Canada Turquie Angleterre Allemagne
Provence Auvergne Bretagne Suisse Luxembourg Espagne

1 **cocher la bonne case** das richtige Kästchen ankreuzen 2 **souligner** unterstreichen

6 **a** *Relie et retrouve les sept adjectifs. Il y a parfois plusieurs possibilités.*

heur	tifs
défin	eux
joy	ives
posi	ieux
sport	ereuses
cur	euse
dang	itif

b *Écris les adjectifs de* **a** *dans la colonne correspondante et donne le genre et le nombre (masculin [m.] ou féminin [f.], singulier [sg.] ou pluriel [pl.]).*

-if/-ive/-ifs/-ives	-eux/-euse/-eux/-euses
	heureux (m. pl.)

c *Forme les adverbes des différents adjectifs de* **a** .

7 *Complète le texte par un adjectif ou un adverbe.* (→ Repères, p. 60/7)

clairement
malheureusement
long sûr
vrai longuement
vraiment *(2x)*
définitif
prochain

1. – Tu as vu, Moussa répète avec les Têtes Vertes?

   – Oui, c'est ______________ , tu crois que c'est

   ______________ ?

2. – Est-ce que tu viens avec nous au parc demain?

   – ______________ non, je ne peux pas. J'ai ______________ réfléchi,

   mais je ne peux pas: je dois finir mon exposé.

3. – Pourquoi est-ce que tu n'es pas allé au cinéma avec Juliette et Samuel?

   – Ils voulaient voir un film très ______________ , et je n'avais

   ______________ pas envie de rester trois heures au cinéma.

4. – C'est quand, le ______________ test de maths?

   – Ce n'est pas ______________ , mais je crois que c'est jeudi.

5. Je ne suis pas d'accord avec le projet de Ludovic: je lui ai dit ______________ :

   je ne veux ______________ pas l'aider.

8 *Qui pourrait dire cela? À qui? Où? Quand? Imagine une situation pour trois des expressions suivantes.*

1. J'ai peur d'être ridicule.
2. C'est la galère!
3. Incroyable mais vrai!
4. L'exception est devenue la règle.
5. Ça m'a plu.
6. C'est une solution provisoire.

9

Fais l'exercice auditif, p. 85.

Lecture

10 *Lis cette bédé.*

1. *De quoi parle la bédé? Écris dans ton cahier.*
2. *Trouve un titre pour cette bédé. Écris dans ton cahier.*

1 **tomber dans le panneau** auf jdn/etw. hereinfallen 2 **faire gober des salades** jdn veräppeln 3 **se remettre en question** etw. in Frage stellen, etw. hinterfragen

1 *Coche le résumé qui corresponde au texte.* (→ Texte, p. 52)

☐ Alice est en vacances. Elle est à Grenoble où elle va passer Noël chez son père. Alice est un peu triste parce qu'elle ne connaît personne à Grenoble: seulement sa famille. Elle doit tout le temps jouer avec son demi-frère qui est très gâté et qui n'est pas toujours sympa. Et puis, elle se dispute souvent avec son père: à cause de ses notes à l'école, mais aussi à cause de Léon et de leurs activités. Alice veut faire du ski, mais son père n'est pas d'accord. Il trouve que c'est trop dangereux et que c'est mauvais pour la nature. Mais Alice est contente: elle ne reste pas longtemps chez son père, bientôt elle va retrouver Moussa et ses copains.

☐ Alice est en vacances. Elle est à Grenoble où elle va passer Noël chez son père. Alice est un peu triste parce qu'elle ne connaît personne à Grenoble: seulement sa famille. Ce n'est pas toujours facile avec son demi-frère. Et puis, elle se dispute souvent avec son père: à cause de ses notes en orthographe, mais aussi à cause de leurs activités. Alice ne veut pas faire du ski. Elle trouve que c'est trop dangereux et que c'est mauvais pour la nature. Mais elle est contente: son père a arrêté de fumer et bientôt, elle va retrouver Moussa et ses copains à Marseille.

☐ Alice est en vacances. Elle est à Grenoble où elle va passer Noël chez son père. Alice est un peu triste parce qu'elle ne connaît personne à Grenoble: seulement sa famille. Ce n'est pas toujours facile avec son demi-frère: il est trop gâté. Et puis, elle se dispute souvent avec son père à cause de ses notes en orthographe, mais aussi parce qu'ils ne sont pas d'accord sur les canons à neige. L'ambiance est quand même meilleure cette année, et Alice est contente: son père a arrêté de fumer, elle a fait du ski et du patin à glace, et elle va bientôt retrouver ses copains à Marseille.

Réviser la négation

2 *Complète les textes par* ne ... pas, ne ... plus, *ou* ne ... rien. *Il y a parfois plusieurs possibilités.*

1. Sophie __________ va __________ bien.
2. Elle __________ a __________ mangé depuis trois jours.
3. Elle __________ est __________ allée à son cours de judo.
4. Elle __________ dit __________ .
5. Elle __________ veut __________ aller au collège ...
6. Je crois que c'est parce que son copain __________ est __________ amoureux d'elle.

3 *Écris le contraire. Utilise* Rien ne ... / Personne ne ... / ne ... jamais. *Écris dans ton cahier.* (→ Repères, p. 60/8)

Exemple:
1. Il se balade souvent. → Il ne se balade jamais.
2. Tout l'intéresse.
3. Il regarde souvent des films.
4. Tous les copains s'intéressent à lui.
5. Il rencontre souvent ses amis.
6. Tout le monde est venu à sa fête.

4 *Félicie et Tristan sont très différents. Forme des phrases pour parler de Tristan. Utilise* ne … rien, ne … jamais *et* rien ne, personne ne. (→ Repères, p. 60/8)

1. Son cours de musique lui plaît toujours.

____

2. Ses copains l'aiment.

____

3. Après les cours, elle fait encore beaucoup de choses.

____

4. Tout l'intéresse vraiment.

____

5. Le soir, elle sort souvent.

____

6. Tout le monde est venu pour son anniversaire.

____

5 *Compare. Utilise* moins – / aussi = / plus + , *adjectif* + que. (→ Repères p. 59/4–5) *Pense à l'accord des adjectifs. Écris dans ton cahier.*

Exemple:
1. la vie à Grenoble / la vie à Marseille: + sportif, – animé
La vie à Grenoble est plus sportive mais moins animée que la vie à Marseille.

2. Villard de Lans / Val d'Isère: + pittoresque, – animé

____

3. faire du ski / faire du patin à glace: + dangereux, = sportif

____

4. le printemps / l'hiver: + chaud, = beau

____

5. chien/chat: – calme, – compliqué

____

6. le repas de Noël en Allemagne / le repas de Noël en France: – long, = traditionnel

____

7. la montagne / la mer: + sportif, + dangereux

____

6 11 *Alice est nulle en dictée … et toi? Écoute et complète.*

1. Hier, ________ 7 heures, Marine est venue me voir. Elle avait un joli pull ________ .
   Elle venait de son cours de yoga et elle avait soif: elle a bu un grand ________ d'eau.
2. Il faut ________ combien de temps pour courir 100 ________ et devenir champion du monde?
3. Cet ________ , je suis allé en vacances en Tunisie[1]. ________ bien.
4. Je ________ toujours entre mes ________ , c'est à cause du temps, il est trop ________ …
5. – Mon ________ préféré, c'est le ________ de ________ .
   – ________ , j'aime bien le ________ de septembre, ________ je préfère le ________ de juin.
6. J'ai toujours ________ à la ________ de la journée.
7. – Alors, tu ________ Chrystelle? – Non, pas encore, mais j'entends sa ________ .
8. Le ________ de cette course? Faire ________ kilomètres en vélo ________ s'arrêter.

1 **la Tunisie** Tunesien

7 *Regarde les dessins des vacances de Sarah. Écris ce qu'elle a fait dans ton cahier.*

8

Fais l'exercice auditif, p. 85.

Réviser le futur composé

9 *Imagine la suite. Utilise le futur composé.*

1. Aujourd'hui, je vais à la piscine. Mercredi prochain, ____________________ .

2. Cette semaine, je vais au concert de Raphaël. Dans deux semaines, ____________________ .

3. Carole est en vacances. Demain, ____________________ .

4. Aujourd'hui, on a eu un test en maths. Dans deux jours, ____________________ .

5. Je regarde la télé. Après, ____________________ .

6. Cet hiver, je suis allé(e) au ski. Cet été, je ____________________ .

La France en direct

10 *Le magazine Okapi a décidé d'aider les jeunes à avoir de meilleures notes en orthographe. Lis les quatre conseils, et résume en allemand ce qu'il faut faire pour mieux écrire en français. Écris dans ton cahier.*

ORTHOGRAPHE RÈGLE N° 1

les 2 "e" sont muets

Utile à vie

Recevoir une lettre d'amour remplie de fautes d'orthographe, c'est quand même pas très classe ! **Alors non, l'orthographe ne sert pas seulement à avoir des points en moins ! C'est utile dans la vie de tous les jours. En français, les phrases commencent par des majuscules et se terminent par un point.**

ORTHOGRAPHE RÈGLE N° 2

double "f" dans les 2 cas

Affronte les difficultés

Tu es spécialiste des fautes d'accords ? **Vérifie d'abord tous les adjectifs, puis tous les verbes au pluriel, etc. Amuse-toi à te relire à l'envers, phrase par phrase : cela donne un nouveau regard sur ton texte.** Idéal pour débusquer les dernières fautes.

ORTHOGRAPHE RÈGLE N° 3

"éty" vient du grec "etunos" qui veut dire "vrai"

Ethy-, éthi- ou étymologie* ?

Un mot, c'est comme un enfant : il fait partie d'une grande famille, avec de lointains ancêtres. **Si tu ne sais pas comment l'écrire, cherche son frère, son cousin ou son grand-père : leur air de famille peut t'y aider.** "Respait" ? "Respèt" ? Hé non ! "Respect", parce que ça vient du verbe "respecter". Méfie-toi, ça ne marche pas à tous les coups. Le mot "cauchemar" s'écrit sans "d" alors qu'on dit "cauchemarder". Ah ! les charmes de la langue française…

ORTHOGRAPHE RÈGLE N° 4

"t" devant "ion" se prononce "s" mais s'écrit "t"…

Un dictionnaire, sinon rien

Face à un mot que tu ne connais pas, tu paniques ? Cherche d'abord la racine. Ça ne marche pas ? Prends un bout de papier et essaie plusieurs orthographes. En tâtonnant, tu retrouveras peut-être le mot grâce à ta mémoire visuelle. **Mais, la meilleure solution reste le dictionnaire.** Chez toi, n'hésite jamais à le consulter pour un devoir ou au cours d'une discussion.

D'après Okapi n° 822

1 *Qu'est-ce qu'on apprend dans le texte, p. 56–57 sur Josiane, Alice et Hamadou? Écris dans ton cahier.*

2 *Fais les mots croisés.*

1 une religion
2 on le mange
3 mot de la même famille que «discuter»
4 fils d'un oncle
5 contraire d'«exception»
6 synonyme de «joyeuse»
7 mot de la famille de «fin»
8 on peut y habiter
9 dans une chanson, il y en a toujours un
10 bâtiment où il y a la messe
11 contraire de «triste»
12 paix pendant la guerre
13 un genre de musique
14 synonyme de «stressé»
15 on l'utilise pour dire que c'est très bon
16 aller avec quelqu'un
17 verbe pour «espoir»
18 contraire de «guerre»
19 une petite fille

3 *Présente ces personnes. Utilise le superlatif et écris dans ton cahier.* (→ Repères, p. 60/5)

Exemple:
1. C'est le vendeur le plus sympa du magasin.

1. vendeur sympa / le magasin

2. chiens méchants / la ville

3. prof sévère / le collège

4. bon dentiste / le quartier

5. animaux dangereux / le monde

6. fille drôle / groupe

7. grand cinéma / la ville

8. documentaliste gentille / le collège

4

13 *Écoute les phrases suivantes et coche dans le tableau si tu entends un superlatif ou un comparatif.*

	1	2	3	4	5	6	7	8
superlatif								
comparatif								

5

Fais le jeu de rôle, p. 89.

Réviser les adjectifs

6

a *Complète cet horoscope avec des adjectifs. Attention à leur place et à leur accord.*

bélier

taureau

gémeaux

cancer

lion

vierge

petit Vous avez des ______ problèmes ______ d'argent? Alors attention.

possible Il y a des ______ solutions ______ .

nouveau Entre le 12 et le 19 vous allez avoir une ______ chance ______ .

bon Une ______ copine ______ va vous aider, et vous allez gagner beaucoup d'argent.

important Après le 20, vous allez faire des ______ choses ______ .

nouveau De ______ amis ______ vont entrer dans votre vie ou vous

inquiet allez aider un ______ copain ______ .

intéressant Ou alors, vous allez trouver un ______ travail ______ .

balance

scorpion

sagittaire

capricorne

verseau

poisson

b *À toi, écris maintenant un horoscope pour un de tes copains dans ton cahier. Utilise des adjectifs.*

7 *Complète par la préposition qui convient.* (→ Repères, p. 59/3)

Justine, une fille de ma classe, déménage[1] souvent, à cause du travail de son père. Elle est née ________ Bamako, dans la capitale ________ Mali. Quand elle a eu trois ans, elle est partie ________ Mali, pour aller ________ Maroc. Ensuite, ________ Maroc elle est partie ________ États-Unis. À 9 ans, elle habitait ________ Luxembourg, puis, elle est partie ________ Chine. Maintenant, elle habite ________ Paris, ________ France, mais elle sait qu'elle va bientôt déménager encore une fois. Elle ne sait pas encore où elle va: ________ Angleterre ou peut-être ________ Pays-Bas[2].

1 **déménager** umziehen 2 **les Pays-Bas** die Niederlande

Réviser le passé composé et l'imparfait

8 *Complète avec les verbes et conjugue-les à l'imparfait ou au passé composé.*

découvrir continuer faire (2x) perdre aller avoir (2x) détester être arrêter essayer adorer (2x) gagner

Quand Marc ________________ petit, il ________________ du judo avec son frère Yann. Il ________________ ce sport, mais son frère ________________ ça. Le mercredi, son frère et lui ________________ à l'école de judo. Quand il y ________________ des matchs, Marc ________________ souvent, mais son frère ________________ presque toujours. Un jour, pendant un match, Yann ________________ un accident[1]. Alors, il ________________ le judo. Marc ________________ tout seul. Yann ________________ plusieurs sports. Il ________________ du foot et du basket. Un jour, il ________________ le tennis, et il ________________ ça.

1 **l'accident** *m.* der Unfall

9 *Raconte ce que tu as fait le soir du 31 décembre.* (→ Méthodes, p. 143)

____

____

____

____

____

____

10 **a** *Lis ces deux recettes et cherche les mots que tu ne comprends pas dans un dictionnaire. Écris ces mots dans ton cahier.* (→ Méthodes, p. 145)

1 La bûche de Noël

Pour réaliser cette recette, il faut
1 grosse boîte de crème de marrons
1 tablette de chocolat
125 g de beurre
de la crème Chantilly

Mélange la crème de marrons et le beurre ramolli. Fais fondre le chocolat à feu doux avec une cuillère d'eau. Mélange la crème de marrons avec le chocolat fondu. Mets la crème sur du papier d'aluminium et fais un rouleau. Laisse-le au moins 4 heures au réfrigérateur. Décore ta bûche avec la crème Chantilly.

2 La galette des Rois

Pour faire la pâte de la galette des Rois, il faut
1 paquet de pâte feuilletée.
Pour la crème, il faut
90 g de farine
100 g de sucre
30 g de beurre
60 g de poudre d'amandes
3 œufs
2 verres de lait et
1 fève.

Mélange le sucre, les œufs, la farine et le beurre. Ajoute le lait chaud et mets à feu doux. Mélange pendant dix minutes, puis ajoute la poudre d'amandes. Étale la moitié de la pâte, mets la crème et la fève, étale la deuxième moitié de la pâte sur la crème. Mets la galette 30 minutes au four. Bon appétit!
Attention: Celui ou celle qui trouve la fève est le Roi ou la Reine! Il ou elle met la couronne sur sa tête.

b *Regarde ces deux photos. À ton avis, quelle photo représente la Bûche de Noël, quelle photo représente la Galette des Rois?*

c *Regarde ces trois dessins. Quel dessin correspond à quelle recette?*

Bilan autocorrectif

1 Le temps qu'il fait, le temps qui passe

a *Continue:* le printemps, ________________, l'automne, ________________ .

b *Complète.*

Il y a d____

c *Regarde le titre de l'exercice et traduis le nom* le temps.

____

2 Die Präpositionen Les prépositions

Complète les phrases par les prépositions qui conviennent.

Coralie va ________ États-Unis, Magalie ________ Italie. Mourad vient ________ Maroc et Aline habite ________ Allemagne. Sophie vient ________ Italie et elle va ________ Mali.

3 Der Komparativ und der Superlativ des Adjektivs Le comparatif et le superlatif de l'adjectif

Complète avec le comparatif et le superlatif. Pense à l'accord de l'adjectif.

1. Les pistes de ski en Thuringe sont (+ court) ________________ et (– difficile) ________________ dans les Alpes. Les pistes (+ dangereux) ________________ d'Europe sont à Chamonix.
2. Le film (+ drôle) ________________ et (+ populaire) ________________ de Djamel Debbouze, c'est «Astérix et Cléopâtre». Son film (+ humain) ________________ , c'est «Indigènes».
3. – À ton avis, l'arabe, c'est (+ facile) ________________ , (– facile) ________________ ou (= facile) ________________ l'allemand?

   – Je ne sais pas, mais en tout cas, la langue (+ difficile) ________________, c'est le chinois.

4 Die Verneinung La négation

Réponds aux questions. Utilise ne ... rien, ne ... jamais *ou* ne ... personne.

1. Est-ce que tu es déjà allé(e) à Paris?

Non, ______________________________

2. Est-ce que tu as vu quelqu'un dans la rue?

Non, ______________________________

3. Est-ce que tes parents ont dit quelque chose?

Non, ______________________________

5 Die Adverbien mit „-ment" Les adverbes en «-ment»

a *Écris les adverbes des adjectifs suivants.*

heureux	gentil	définitif
____________	____________	____________
facile	vrai	sûr
____________	____________	____________

b *Complète par un adjectif de* **a** *ou par son adverbe.*

1. Ce garçon est ______________ .

2. Je suis ______________ contente.

3. Pour aller au collège, c'est ______________ , c'est en face de chez moi.

4. À la piscine, j'ai fait la connaissance d'un garçon très ______________ .

5. J'ai oublié mon anorak à l'école, mais ______________ je l'ai retrouvé.

Die Lösungen findest du auf S. 94–95.

UNITÉ 4 *Voyage au Québec*

Approches

1 *Trouve le maximum de mots et explique-les en français. Utilise les pronoms relatifs* où, qui, que, ce qui, ce que. *Écris dans ton cahier.*

Exemple:
Le Canada: c'est un pays qui est très grand.

P	A	D	E	V	I	S	E	N	E	D	F	A
L	I	S	T	E	J	H	X	S	E	O	L	D
A	F	R	A	N	C	O	P	H	O	N	E	A
S	E	U	R	U	E	R	L	I	S	B	U	U
C	A	N	A	D	A	T	O	K	A	I	V	T
E	U	F	R	E	S	É	R	A	B	L	E	S
R	T	I	D	A	S	B	A	V	S	O	B	F
P	O	U	R	C	E	N	T	A	G	E	I	E
I	M	R	A	U	L	H	E	S	H	G	T	U
G	N	S	P	T	A	I	U	I	R	O	I	I
R	E	O	E	O	C	A	R	N	A	V	A	L
O	S	I	A	R	R	I	P	E	S	U	S	L
S	O	Q	U	É	B	E	C	O	E	L	I	E

Réviser le superlatif de l'adjectif

2 **a** *Écris les questions du quiz. Utilise le superlatif.*

b *Puis réponds aux questions et trouve le mot caché.* (→ Petit dictionnaire de civilisation, p. 158, → Kanadakarte, hintere Umschlaginnenseite)

____

1. province[1] / grand + / Canada?

____

____

[D] Alberta
[L] Ontario
[F] Québec

2. langue / parlé + / Canada?

____

____

[O] Anglais
[E] Espagnol
[S] Français

3. ville / grand + / Québec?

____

____

[I] Québec
[C] Chicoutimi
[R] Montréal

4. montagne / haut + / Canada?

____

____

[B] le Mont[2]-Royal
[E] le Mont-Logan
[S] le Mont-Robson

5. ville souterraine[3] / important + / monde?

____

____

[A] Québec
[T] Montréal
[R] New York

1 **la province** die Provinz
2 **le mont** der Berg
3 **la ville souterraine** die unterirdische Stadt

1 **a** *Vrai, faux, on ne sait pas? Relis le texte p. 70 et coche la bonne case.*

	V	F	?
1. Hugo et ses frères vont avoir un petit frère ou une petite sœur.			
2. Hugo comprend d'abord que la famille va rester en France.			
3. La grand-mère est tout de suite d'accord.			
4. Le Québec, c'est le pays de mamie!			
5. Mamie est née à Montréal.			
6. La mère d'Hugo prendra un remplaçant à Marseille.			
7. À la fin, Hugo est content de partir.			
8. Nicolas s'intéresse aux Indiens.			
9. Toute la famille va au Québec pendant les vacances d'été.			

b *Corrige les phrases fausses dans ton cahier.*

2 **a** *Regarde les mots suivants. Forme des groupes pour les apprendre plus facilement. Tu peux les regrouper par thème, par genre …* (→ Méthodes, p. 133) *Écris dans ton cahier.*

la géographie	le monde du travail

l'hiver   le climat   la chaleur   le bureau   l'avenir   le séjour   le contrat   l'accent   le cabinet dentaire
le remplaçant   l'occasion   le hockey sur glace   l'Indien   le nord   la glace

b *Complète ces listes avec le vocabulaire que tu connais déjà. Écris dans ton cahier.*

3 **a** *Hugo a pris de bonnes résolutions pour l'année prochaine. Complète les phrases au futur simple. Utilise les verbes* habiter, rêver, se débrouiller, apprendre, être, avoir, travailler, rester, partir, écrire. (→ Les verbes, p. 153)

1. Je ne __________ pas à Montréal avec ma famille.
2. Je __________ tout seul.
3. Je __________ à Marseille.
4. J'__________ chez Moussa ou chez Alice.
5. Je __________ bien au collège.

6. J'__________ bien mes leçons.
7. Je ne __________ plus en cours.
8. J'__________ de bonnes notes.
9. Je __________ sympa avec mes copains.
10. J'__________ tous les jours à mes parents au Québec.

b *Et toi, quelles sont tes bonnes résolutions pour la prochaine année scolaire? Écris quatre phrases. Utilise le futur simple.*

= KW 13

Réviser la question

4 *Hugo et ses frères se posent beaucoup de questions sur le Québec. Ils téléphonent à leur cousine de Chicoutimi. Pose leurs questions et utilise le futur simple et* est-ce que.

1. comprendre l'accent québécois[1]: Est-ce que nous comprendrons l'accent?
2. se moquer de notre accent: Est-ce qu'ils nous moqueront de notre accent?
3. Québécois chaleureux: Est-ce que les Québécois seront chaleureux?
4. supporter le climat: Est-ce qu'on supportera le climat?
5. se sentir seul: Est-ce qu'on se sentira seul?
6. être là pour le carnaval: Est-ce qu'on sera là pour le carnaval?

1 **québécois** aus Québec

4

5 *Retrouve l'ordre des mots et formule les questions.* (→ Repères, p. 84/8)

1. cinéma aller soir vous au voulez demain ?
   Voulez-vous aller au ciné demain soir?
2. content ses de il est vacances ?
   Est-il content de ses vacances?
3. venue elle comment est ?
   Comment est-elle venue?
4. gâteau encore a du t y il ?
   Ya-t-il encore du gâteau?
5. demain elle sera collège au t ?
   Sera-t-elle demain au collège?
6. triste tu pourquoi es ?
   Pourquoi es-tu triste?

6 *Hugo n'a pas envie de déménager à Montréal. À ton avis, que peut-il faire? Écris-lui une lettre dans ton cahier et donne-lui des conseils. Tu peux utiliser:*

Aie le courage de + *inf.* Ne sois pas ___. À ton âge ___. À mon avis ___.

1 *Relis le texte p. 74–75. Qui fait quoi, le 15 février, à quel moment? Fais un schéma et reconstitue le texte.* (→ Méthodes, p. 137)

le matin		Mamie et Mme Marin: visitent l'appartement
à midi		
l'après-midi		

2 **a** *Relis le texte: retrouve certains thèmes et présente le vocabulaire thématique sous forme de diagramme dans ton cahier.* (→ Méthodes, p. 133)

b *Complète chaque thème avec les mots que tu connais déjà.*

3 

Fais le jeu de rôle, p. 90.

4 *Comment sera la vie dans cent ans? Un futurologue*[1] *a répondu à cette question. Mets les verbes entre parenthèses au futur simple.* (→ Repères, p. 83/4)

Vous verrez *(voir)*, mesdames et messieurs, beaucoup de choses changeront *(changer)*, d'autres ne changeront *(changer)* pas. Dans vingt ans, il y aura *(avoir)* encore beaucoup de problèmes.

Le chômage[2] sera *(être)* le problème numéro un. Beaucoup de gens n'auront *(avoir)* plus de travail, mais les gens qui travailleront (travailler), devront (devoir) travailler de plus en plus et ils n' auront (avoir) plus de vacances. Nous mangerons (manger) différemment[3] à cause de la pollution[4]: nous achèterons (acheter) des pilules[5]. On trouvera (trouver) de nouveaux médicaments[6] et les gens pourront (pouvoir) vivre plus longtemps. L'eau sera (être) très chère, et les gens n' utiliseront (utiliser) plus la voiture: ils prendront (prendre) le train, et ils feront (faire) leurs courses à vélo. Les enfants n' iront (aller) plus à l'école: ils apprendront (apprendre) chez eux et parleront (parler) à leurs professeurs et leurs camarades sur Internet.

1 **le futurologue** der Zukunftsforscher 2 **le chômage** die Arbeitslosigkeit 3 **différemment** anders 4 **la pollution** die Pollution 5 **la pilule** die Pille 6 **le médicament** das Arzneimittel

5 *Imagine que tu vas à Montréal chez ton correspondant. Pose-lui des questions pour connaître le programme. Utilise le futur simple. Écris dans ton cahier.* (→ Repères, p. 83/4)

aller à *faire* *visiter* *monter* sur *avoir* le temps *se balader* *entrer* à
sortir *prendre* *descendre* *manger* *avoir* besoin de *pouvoir* *voir* *venir* *falloir*

Exemple: Est-ce qu'on montera sur le Mont-Royal?

6 14 *De quoi, de qui parlent-ils? Écoute et coche le dessin correspondant* (→ Repères, p. 84/7).

1

2
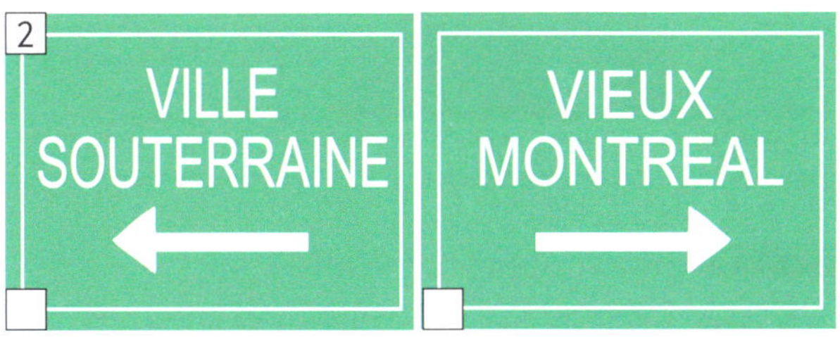

3

4
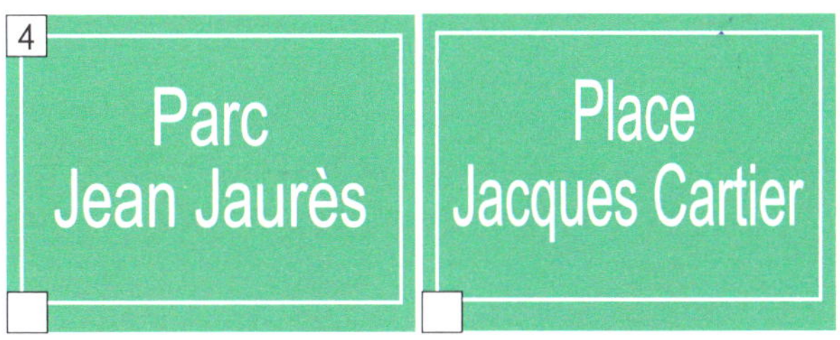

5

6

7 *Complète avec le verbe à l'impératif et un pronom.* (→ Repères, p. 84/7)

1. *Madame:* Nous avons trouvé un appartement superbe. ____________ *(visiter)* samedi!

   Monsieur: D'accord.

2. *Madame:* Constantin aimerait voir des caribous.

   Monsieur: ____________ *(dire)* qu'il ira au zoo avec Mamie demain.

3. *Monsieur:* J'ai entendu parler d'un bon restaurant au bord de la rivière Outaouais.

   Madame: ____________ *(aller)* la semaine prochaine!

4. *Monsieur:* Ces petites crêpes au sirop d'érable[1] sont délicieuses. ____________ *(prendre)* une!

   Madame: Non merci, je n'ai plus faim.

5. *Madame:* Les garçons veulent faire une balade en raquettes.

   Monsieur: ____________ *(donner)* de l'argent.

6. *Monsieur:* Et nous, que ferons-nous?

   Madame: J'ai une idée. ____________ *(passer)* le guide.

1 **le sirop d'érable** Ahornsirup

8

Fais l'exercice auditif, p. 85.

Réviser le verbe «vivre»

9 *Hugo parle de sa famille. Complète le texte par des formes du verbe* vivre. (→ Les verbes, p. 157)

Je __vis__ à Marseille avec mes parents et ma grand-mère. Ma grand-mère __a vécu__ au Québec jusqu'en 2005, puis elle est venue __vivre__ avec nous à Marseille. Nous __vivons__ dans un grand appartement dans le centre-ville de Marseille. J'ai une très grande famille: j'ai des cousins qui __vivent__ à Paris, à Berlin et un oncle qui __vit__ un peu partout. Depuis deux ans, il __vit__ à New York avec sa famille. On ne le voit pas souvent, mais quand nous __vivons__ à Montréal, ça sera différent.

Petit portfolio de français

Auf der 1. und 4. Seite des Portfolios kannst du den Gang deines sprachlichen und interkulturellen Lernens aufzeichnen. Du kannst ein Dossier anlegen, in dem du die verschiedenen Arbeiten, die du für besonders beachtens- und aufhebenswert hältst, aber auch Sprachdiplome und -zertifikate sammeln kannst. Dein Dossier wird hiermit eine persönliche Zusammenstellung deiner sprachlichen Lernergebnisse.
Du kannst auf S. 2 und 3 den Stand deiner neu erworbenen Kompetenzen in den Bereichen Hören, Lesen, Sprechen, Schreiben und Landeskunde einschätzen. Trage deine Fortschritte in die mittlere Doppelseite regelmäßig ein, am besten, nachdem du einen „bilan autocorrectif" abgeschlossen hast.

Je m'appelle	______________________
Je suis né(e)	à ____________ dans la région ____________
Pendant l'année scolaire	20____/20____
je suis à	l'école ____________ dans la classe ________.
J'apprends le français	depuis ____ ans.

Séjours dans des pays francophones

Où?	Quand?	Pourquoi? (échange Voltaire / échange scolaire / vacances / ...)

Examens de français

titre	date	résultat

Je lis et je sais …

französische Abkürzungen verstehen. ________
Fahrpläne des TGV verstehen. ________
Inhaltsangaben von Filmen verstehen. ________
einfache Rezepte verstehen. ________
Blogs oder E-Mails verstehen. ________
eine Geschichte global verstehen. ________
leichtere Artikel aus Jugendzeitschriften verstehen. ________
authentische Comics verstehen. ________
ein zweisprachiges Wörterbuch benutzen. ________
Statistiken verstehen und bewerten. ________
Arbeitsanweisungen in meinen Buch und meinem Arbeitsheft verstehen. ________
die Bedeutung von Wörtern in „verlan“ herausbekommen. ________
Tests aus französischen Jugendzeitschriften durchführen. ________

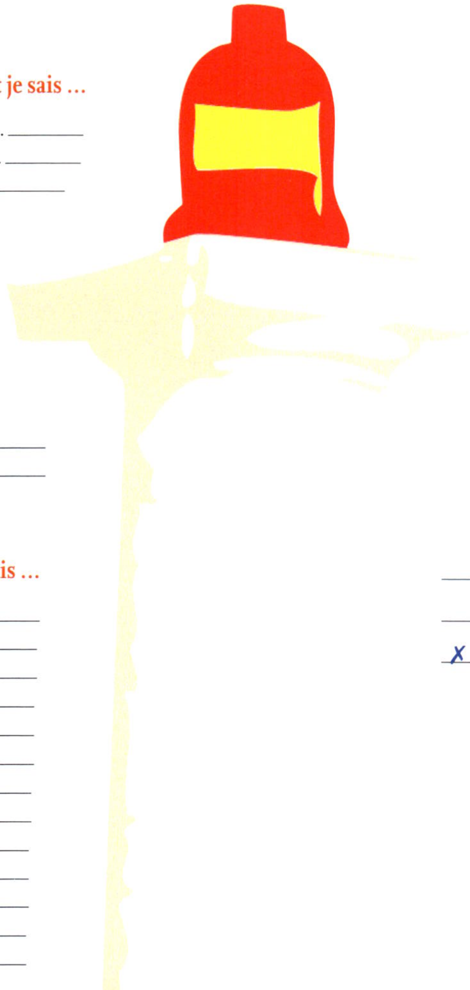

Je parle et je sais …

eine Person vorstellen oder ein Thema präsentieren. ________
über mich, meine Familie und meine Freizeitaktivitäten sprechen. ________
einen Film / einen Roman bewerten. ________
Wörter und Ausdrücke, die ich noch nicht kenne, aussprechen. ________
Ratschläge geben. ________
Vorschläge machen. ________
in einer Diskussion Argumente vorbringen. ________
Wünsche/Hoffnungen/Gefühle ausdrücken. ________
einem Stadtführer die Fragen von deutschen Touristen übersetzen. ________
über Freundschaft sprechen. ________
über einen Ausflug / ein Spiel berichten. ________
einen Weg beschreiben. ________
zu sozialen Konflikten in den Banlieues Stellung nehmen. ________

J'écris et je sais …

Prospektmaterial vom Fremdenverkehrsamt in einem Brief oder E-Mail anfordern. ________
eine Diskussion vorbereiten. ________
Wörter umschreiben. ________
eine Region beschreiben. ________
ein Buch vorstellen. ________
eine Geschichte zusammenfassen. ________
einen Tagesablauf schildern. ________
mir Notizen machen. ________
Fehler selbst korrigieren. ________
per E-Mail Ratschläge erteilen. ________
über die Ausbildung eines Freundes berichten. ________
eine Stadt beschreiben. ________
einen offiziellen Brief schreiben. ________

___X *noch nicht so gut*
__X X *gut*
X X X *sehr gut*

J'écoute et je sais …

Wegbeschreibungen verstehen. ________
ein Lied verstehen. ________
ein kurzes Gespräch verstehen, auch wenn ich nicht alle Wörter kenne. ________
Audioaufnahmen zum Lehrwerk folgen. ________
Auszüge aus Interviews und Reportagen verstehen. ________
den Erklärungen eines Stadtführers folgen und sie zusammenfassen. ________
zwischen Standard- und Umgangssprache unterscheiden. ________

Civilisation

Ich weiß etwas über Marseille. ________
Ich kenne die Namen verschiedener Sehenswürdigkeiten in Marseille. ________
Ich kenne Aspekte der Provence und kann darüber berichten. ________
Ich kenne die administrative Struktur Frankreichs. ________
Ich kenne einige französische Persönlichkeiten und kann sagen, warum sie bekannt sind. ________
Ich kann über die Provinz und die Stadt Quebec berichten. ________
Ich weiß etwas über Montreal. ________
Ich kann über die Inuits berichten. ________
Ich kenne französische Bücher und kann sie kurz vorstellen. ________
Ich kenne weitere französischsprachige Länder und Regionen. ________
Ich kenne französische Musikgruppen aus den Banlieues. ________
Ich kenne französische Filme und Comics und kann darüber berichten. ________

PETIT PORTFOLIO DE FRANÇAIS

Mes activités

Denke daran, gelungene Arbeiten (auch CDs und DVDs), Collagen, Fotos und Zertifikate in dein Dossier einzuheften.

Livres, bédés, magazines – films, émissions télévisées, théâtre, concerts

titre/thème	auteur	date

Exposés, présentations, projets

date	thème

Rencontres avec des francophones: jeunes, auteurs, cinéastes ...

noms	thème	date

Autres contacts: mail/lettre/téléphone/chat/___

correspondant	thème	date

10 *Voilà la carte du centre-ville de Québec pendant le carnaval: elle indique les différentes activités que l'on peut faire.*

a *Lis cette carte. Tu passes une journée à Québec. Choisis ce que tu voudrais faire.*

b *Décris le programme de ta journée au carnaval de Québec et décris ton chemin. Écris dans ton cahier.*

Exemple: Tout d'abord, je regarde la course en canots, rue St-Joseph puis je regarde la course Normandin dans la côte de la Fabrique. Ensuite, je passe devant …

Tu peux chercher des informations sur le carnaval de Québec sur www.carnaval.qc.ca.

= KW 14

SÉQUENCE 3

1 *Coche le résumé correspondant au texte.* (→ Texte, p. 79–80)

☐ Liak est une jeune Inuit qui vit dans un grand village d'une région arctique, le Nunavik. Pour aller d'un village à l'autre, elle prend la route en motoneige. Sa mère vend des souvenirs et des manteaux de fourrure, son père va à la chasse et à la pêche et son frère est guide. Plus tard, elle veut travailler à Montréal et faire des sculptures de pierre.

☒ Liak est une jeune Inuit qui vit dans un grand village d'une région arctique, le Nunavik. On va d'un village à l'autre en traîneau, en motoneige ou en avion. Sa mère vend des souvenirs et des manteaux en fourrure, son père va à la chasse et à la pêche et son frère est guide. Elle va encore à l'école et fait des sculptures de pierre et des paniers en herbe.

☐ Liak est une jeune Inuit qui vient de Kuujjuaq dans le Nunavik. C'est une région arctique où il gèle toute l'année. Son père va à la chasse et à la pêche, sa mère fabrique des paniers en herbe et des manteaux en fourrure de phoque. Son frère, lui, est guide et accompagne les touristes dans les villages. Liak adore la nature, fait des sculptures de pierre et étudie la biologie.

2 *Complète le vocabulaire. Pense à l'article indéfini.*

3 *Remets les mots dans l'ordre. Écris les phrases dans ton cahier.* (→ Repères, p. 84/7)

1. ne pas énervez grave pas ce vous n'est
2. annoncez nouvelle ne leur pas la
3. n' la allons voir pas
4. rien leur disons ne
5. pas lui ne téléphone
6. les pas invite ne
7. ne mes devoirs dérange pas je me fais
8. demain venez voir la: elle ne pas travaille

4 *Qu'est-ce qu'ils disent? Utilise l'impératif et le pronom. Attention à la place du pronom. Écris dans ton cahier.* (→ Repères, p. 84/7)

1. ne pas *prendre* / magazine

2. *écouter*

3. *se taire*

4. ne pas *dire* / *aimer* le film

5. *regarder* – *dire* / vérité

6. ne pas *raconter* / histoires

5 *Compare Mathieu et Rémi. Utilise le comparatif et le superlatif de l'adverbe. Écris dans ton cahier.* (→ Repères, p. 83/2–3)

Exemple: Mathieu, c'est le plus sportif: il va le plus souvent à la piscine.

Rémi
- va à la piscine une fois par semaine
- nage vite (100 m en deux minutes)
- court une fois par semaine, une demi-heure
- se lève tous les jours à sept heures
- ne fait pas bien du roller
- ne parle pas bien anglais
- parle très bien français
- parle mal l'espagnol

Mathieu
- va à la piscine deux fois par semaine
- nage vite (100 m en deux minutes)
- court une demi-heure tous les jours
- se lève tous les jours à six heures et demie
- fait très bien du roller
- parle très bien anglais
- parle très bien français
- parle mal l'espagnol

6 *Que disent-ils? Complète les phrases par le comparatif ou le superlatif de l'adverbe.* (→ Repères, p. 83/2–3)

Prenons le métro, ça va ________________ (vite).

Je déteste aller en ville: j'y vais le ________________ (souvent) possible.

Notre guide parle ________________ (vite) allemand qu'un Allemand.

Voilà le quartier que j'aime ________________ (peu).

Maintenant, on va rentrer ________________ (vite) possible.

Le dimanche, je me lève ________________ (tard) possible.

Lecture

7 **a** *Regarde la première page de couverture. Imagine: c'est l'histoire des …*

____

____

b *Lis le texte. Tu ne comprends pas tous les mots, mais tu peux comprendre l'anecdote.*

c *Réponds aux questions.*

1. Comment le héros se sent-il?
2. Pourquoi le Père n'est-il pas content?
3. Pourquoi le Père lui donne-t-il le nom de «Larivière»?
4. Explique pourquoi ce nom «simplifiera la vie à tous».
5. «S'il n'a pas de numéro, il n'existe pas.» dit le Père. Imagine la réaction de Nipishish.
6. «Tu iras loin avec un nom pareil.» Que veut dire le Père?

À la fin du XIXe siècle, le Ministère des Affaires Indiennes a décidé de civiliser et d'éduquer les «sauvages». Les jeunes enfants sont mis dans des pensionnats, séparés de leurs familles, de leurs traditions. Nipishish et ses camarades arrivent dans un pensionnat indien. Nous sommes en 1950.

«– Qu'y a-t-il Mon Père[3]?»
Le registraire se tourne vers moi:
«– Celui-là, sergent, il est sourd ou bien têtu[4]. Je ne peux pas lui faire dire son numéro ou son nom.»
Debout[5] j'ai peur, horriblement peur. Je me sens mal dans ma tête, dans toutes les parties de mon corps. J'ai froid.
L'agent sort un carnet noir. Nerveusement il tourne les pages. …
«– Ça ne sera pas long. J'y arrive … Lui là … vient de … du lac Victoria? du lac Barrière? … Cabonga! C'est ça, ça y est! Il vient du Grand Lac Cabonga!»
Derrière moi, d'autres jeunes attendent, les yeux sur le bout de leur pied. Par respect, ils ne me regardent pas.
«– Maintenant, je peux répondre à votre question. Son nom, c'est Nipishish.
– Ah? Nipi … comment dites-vous?
– Ni-pi-shish! Ni-pi-shish!
– Et ça s'écrit comment ce mot?
– Comme ça se prononce, avec des s. Oui, c'est ça. […] Ça veut dire quelque chose comme eau, ruisseau, rivière …
– Bon! Bon! J'inscris donc: «Larivière».»
Content de sa trouvaille, il me regarde:
«– À partir de maintenant, mon garçon, tu t'appelleras Pierre Larivière. Larivière, ça existe. C'est un beau nom bien français … facile à prononcer, facile à retenir, à écrire. Il nous simplifiera la vie[6] à tous. Nipi … Non! Larivière, ça fait monsieur. […] Oui! Tu iras loin avec un nom pareil!
– Et son numéro?
– Pardon? […]
– Oui, son numéro de bande? Quel numéro de bande a cet individu? Pour moi, s'il n'a pas de numéro, il n'existe pas!»

1 **dompter** bändigen, zähmen
2 **le/la sauvage** der/die Wilde
3 **Mon Père** *hier:* mein Vater *Anrede für einen Priester*
4 **têtu/e** starrköpfig 5 **debout** stehend 6 **simplifier la vie** das Leben vereinfachen

D'après «Dompter l'enfant sauvage», tome 2: Le pensionnat; Michel Noël, Éditions Michel Quintin, Waterloo (Québec), 1978

Bilan autocorrectif

1 Vocabulaire

Écris le vocabulaire de l'hiver. Pense à l'article!

2 Qu'est-ce qu'on dit en français?

Traduis les phrases.

1. Der Wald ist schneebedeckt.
2. Es gibt immer Frost, selbst im August.
3. Montreal ist die wichtigste Stadt in Quebec.
4. Das Dorf befindet sich am linken Ufer des Flusses.
5. Ein Park befindet sich mitten in der Stadt.

4

3 Conjugaison

Complète le tableau.

infinitif	3e personne du singulier	
	futur	passé composé
découvrir		
	il fera	
		il a senti
vendre		
		il a paru

4 Die Objektpronomen beim Imperativ Le pronom objet avec l'impératif

Écris le contraire.

1. Ne me parle pas de cette histoire.

____

2. Dis-lui «Bonjour».

____

3. Ne leur pose pas cette question.

____

4. Écoutez-la.

____

5. Attendez-moi.

____

6. Ne te lève pas.

____

5 Das futur simple Le futur simple

Fais des phrases et utilise le futur.

Hugo aujourd'hui	Hugo dans quatre mois
Il vit à Marseille. (à Montréal)	____________________
Il a beaucoup d'amis. (ne pas encore)	____________________
Tout le monde le connaît. (ne pas encore)	____________________
Il paraît sûr de lui. (ne pas du tout)	____________________
Il peut faire le guide à Marseille. (ne pas à Montréal)	____________________

6 Der Komparativ und der Superlativ des Adverbs Le comparatif et le superlatif de l'adverbe

Traduis.

Il court aussi vite que possible. ____________________

Il court le plus vite. ____________________

Elle court plus vite que lui. ____________________

Sie lachen nicht so oft wie wir. ____________________

Dort lacht man am häufigsten. ____________________

Es friert weniger oft als bei uns. ____________________

Die Lösungen findest du auf S. 95–96.

UNITÉ 5 En Provence

Approches

1 *Trouve les onze noms. Écris-les avec leur article indéfini.*

eau teur al ch ev con

stru taur ysa ré ac van de pa ction flam for

cta ol mis êt tral la spe ant teur ive ge

2 **a** *Trouve dans le texte, p. 90–91 tous les noms et les adjectifs qui se terminent en* -eau *et en* -al. *Fais une liste et complète-la avec les mots en* -eau *et* -al *que tu connais déjà.*

b *Fais des rimes avec les mots trouvés.*

Ma copine Margaux et son copain Pascal
Font de bons gâteaux mais n'aiment pas le carnaval …

3 *Choisis une de ces deux activités.*

→ Portfolio Dossier

a *Comment appelle-t-on ton Bundesland en français? Cherche dans un dictionnaire bilingue.* (→ Méthodes, p. 145) *Écris un texte pour présenter ta région.*

La Poméranie occidentale, c'est le pays des chevaux …

b *Tu fais un tableau abstrait*[1] *de la Provence, quelles couleurs choisis-tu? Relis le texte, p. 91 et justifie ton choix.*

Je prends du noir pour les taureaux …

1 **un tableau abstrait** abstraktes Gemälde

4

Fais l'exercice auditif, p. 86.

1 *Réponds aux questions.* (→ Texte, p. 93–94)

1. L'ambiance entre Sarah et sa correspondante n'est pas bonne. Pourquoi?

___

___

2. Pendant le match, Sarah ne joue pas très bien. Donne des exemples.

___

___

3. Sarah se dispute avec l'arbitre. Pourquoi?

___

___

2 *Regarde les dessins et commente le match de volley dans ton cahier.*

Réviser le discours indirect au présent

3 *Sarah est à Hambourg pour un tournoi de volley. Qu'est-ce qu'elle raconte/dit/écrit? Utilise le discours indirect. Écris dans ton cahier.*

Chers parents,

Je suis bien arrivée à Hambourg. Lea habite dans une grande maison avec un grand jardin. Sa famille est super sympa avec moi. On est allés au ciné avec son frère et sa sœur: le film était bien, mais je n'ai pas tout compris ... Je dois aller à l'entraînement dans une heure pour me préparer au tournoi de demain. J'espère que nous allons gagner le tournoi, cette fois.

Bises et à bientôt

Sarah

4 *Le soir, Sarah raconte à Lea ce qu'elle a écrit à sa famille. Utilise le discours indirect au passé. Écris dans ton cahier.* (→ Repères, p. 104/4)

5 *Ces jeunes parlent de ce qu'ils aiment à Marseille. Mets les phrases suivantes au discours indirect au passé. Écris dans ton cahier.* (→ Repères, p. 104/4)

1. J'aime bien la ville et son ambiance: les couleurs, le bruit, le soleil …
2. Moi j'aime bien le temps: il fait très chaud ici, ce n'est pas comme chez nous. Et puis c'est génial de vivre au bord de la mer.
3. Moi je trouve qu'il fait trop chaud: je ne peux pas travailler quand il fait si chaud. Mais pour les vacances, c'est chouette.
4. Ce que je préfère à Marseille, c'est l'OM. J'adore encourager cette équipe au stade vélodrome.

5. Oui, on y est allé hier soir: c'était génial. L'OM a gagné: c'était une super fête.
6. Moi j'adore les marchés et les fruits. Je vais ramener des melons et des olives pour mes parents. Je le leur ai promis.
7. Une carte postale, je dois encore acheter une carte postale! J'ai oublié d'envoyer une carte postale à mon grand-père!!!

6 17 *Complète avec les verbes au passé composé. Attention à l'accord du participe passé.* (→ Repères, p. 105/5)

1. Des jeunes hambourgeois[1] ______________________ à la région Provence-Alpes-Côte d'Azur.
2. Ils ______________________ contre la construction d'un réacteur nucléaire.
3. Ils ______________________ aussi un peu ______________________ de l'abrivado.
4. Des filles ______________________ un peu ______________________ avec leurs correspondantes.
5. Puis, elles ______________________ ensemble.
6. Le soir, tous les jeunes ______________________ chez Valentin pour faire la fête.
7. Alors, Lea ______________________ à passer ses vacances chez sa corres.
8. Elle ______________________ à beaucoup parler français.
9. Elle a presque tout compris, ______________________ beaucoup ______________________

et ______________________ .

1 **hambourgeois/e** aus Hamburg

7 *Voilà la journée de Sarah et de Lea. Raconte ce qu'elles ont fait. Utilise le maximum de verbes pronominaux au passé composé. Écris dans ton cahier.* (→ Repères, p. 105/5)

Réviser les prépositions

8 *Complète le texte avec les prépositions.*

Lea est très contente ______________ être à Marseille. C'est la première fois qu'elle va ______________ France ______________ sa famille. Elle connaît déjà Paris et la Bretagne, mais c'est la première fois qu'elle est ______________ une famille française. Elle trouve que c'est intéressant ______________ voir comment d'autres personnes vivent. Sarah n'est pas toujours de bonne humeur[1], mais ______________ ses parents, ça se passe ______________ problèmes. Monsieur Rozier parle ______________ art et ______________ histoire à Lea, et Madame Rozier l'aide beaucoup ______________ améliorer[2] son français. Les jeunes qui participent ______________ l'échange sont aussi très chaleureux. Lea a bien envie ______________ rester plus longtemps ______________ découvrir Marseille et la Provence, mais elle doit repartir ______________ quatre jours déjà. Elle espère qu'elle pourra revenir ______________ quelques jours cet été. Elle va essayer ______________ demander l'autorisation ______________ ses parents et ______________ parents de Sarah ...

1 **l'humeur** *f.* die Laune 2 **améliorer** verbessern

9 *Lis les phrases suivantes. Il manque un verbe par bloc: trouve les quatre verbes qui manquent, complète les phrases et écris après chaque phrase la traduction du verbe en allemand.*

1. Les Allemands ont ______________ le tournoi. ______________

   Est-ce qu'un chanteur peut ______________ beaucoup d'argent dans le métro? ______________

2. Tu me ______________ le pain s'il te plaît? ______________

   Le film ______________ à trois heures. ______________

   Les vacances ______________ toujours trop vite. ______________

3. Pour la fête, Sarah ______________ sa nouvelle robe. ______________

   Valentin range sa chambre et ______________ ses livres et ses CD sur les étagères. ______________

   Avant le dîner, les enfants ______________ le couvert. ______________

4. Pendant le match, un joueur allemand lui ______________ sur le pied. ______________

   Pendant les vacances, elle se balade beaucoup: ______________ , c'est son truc. ______________

1 *Trouve dans le texte des phrases qui montrent que … Écris dans ton cahier.* (→ Texte, p. 97–98)

1. Sarah est en colère à cause de Valentin.
2. Après le match, les jeunes ne rentrent pas à Marseille.
3. Sarah est surprise[1].
4. Jens et Sarah sont fatigués.
5. Sarah reconnaît qu'elle n'a pas raison.
6. Sarah aime bien Jens.

1 **être surpris/e** überrascht sein

Réviser les pronoms relatifs «qui» et «que»

2 *Complète le texte avec* qui *ou* que.

La journée du tournoi est une journée __________ a été très longue, mais __________ les jeunes ont beaucoup aimée. Après le petit-déjeuner, les filles ont dû courir pour prendre le bus __________ les a emmenées à Aix-en-Provence. Là, le match __________ a opposé[1] les deux équipes et __________ l'équipe allemande a gagné, a duré très longtemps. Ensuite, les jeunes ont fait un pique-nique, mais les Allemands __________ n'ont pas l'habitude de la cuisine française, n'ont pas tous aimé les plats __________ les parents de leurs correspondants avaient préparés. Ensuite, le groupe est allé à Fontaine-de-Vaucluse, une ville sur la Sorgue et __________ est connue pour le kayak. Là, les jeunes ont fait la descente de la Sorgue jusqu'à L'Isle-sur-la-Sorgue. Certains jeunes __________ n'avaient jamais fait de kayak sont tombés dans l'eau. Heureusement qu'ils savaient nager … Tout le monde a passé une bonne journée …

1 **opposer** konfrontieren

3 *Qu'est-ce qu'ils disent? Utilise* ne … que. *Attention aux temps. Écris les phrases dans ton cahier.* (→ Repères, p. 104/3)

4 *Complète les phrases avec le complément d'objet direct et le verbe au passé composé. Attention à l'accord du participe passé.* (→ Repères, p. 105/6)

Demain, ils partent. Lea pense:

1. Son adresse électronique, elle ___l'a donnée___ *(donner)* à Valentin.
2. Ses nouvelles baskets, elle ______________ *(mettre)* dans son sac.
3. Ses petits cadeaux, elle ______________ *(donner)* à ses nouveaux copains.
4. Le parfum de Grasse, elle ______________ *(offrir)* à Mme Rozier.
5. La bouteille d'eau, elle ______________ *(mettre)* dans son sac.
6. Et ses biscuits? Elle ______________ déjà tous ______________ *(manger)*!

5 *Fais l'accord du complément d'objet direct si nécessaire.* (→ Repères, p. 105/6)

Accord du complément d'objet direct

1. Quel_____ langue_____ est-ce que vous avez parlées avec vos corres?
2. Quel_____ match_____ est-ce que vous avez gagnés?
3. Quel_____ exposition_____ est-ce que vous avez visitées?

Accord du participe passé

4. Combien de bouteilles de jus d'orange est-ce que tu as acheté_____ ?
5. Combien de sandwichs est-ce que vous avez mangé_____ ?
6. Combien de cadeaux as-tu acheté_____ ?
7. Combien de cartes postales ont-ils écrit_____ ?

6 *Retrouve les questions qu'on a posées à ces personnes. Utilise* combien de *et une forme de* quel. *Pense à l'accord du participe passé. Écris dans ton cahier.* (→ Repères, p. 105/6)

1. – jours / passer en Provence / ?
   – Quatre jours.
2. – villes / visiter / ?
   – Nous avons encore visité Arles et Nîmes.
3. – cartes postales / écrire / ?
   – Je n'ai pas écrit de carte postale, je n'ai écrit que des SMS.
4. – buts / marquer / ?
   – J'en ai marqué six.
5. – fruits / préférer / ?
   – J'ai surtout aimé les melons.
6. – activités / faire / ?
   – On a fait du kayak, on a joué au volley et on a fait un pique-nique.

7

Fais l'exercice d'entraînement à la production orale, p. 88.

8 *Complète avec une forme de* tout. *Pense à l'accord.* (→ Repères, p. 104/2)

1. Ils sont montés __________ les deux dans le même kayak.
2. Ils sont restés ensemble __________ la journée.
3. Le soir, ils ont discuté de __________ et de rien.
4. Pour elle, ils sont __________ sympa dans le groupe.
5. __________ les filles, oui, dit-il, mais pas __________ les garçons!

9 **a** *Complète le vocabulaire.*

b *Complète les phrases avec un mot de* **a** .

1. Aujourd'hui, rien ne va: elle s'est levée du __________ gauche.
2. Elle a trop mangé de chips et dans le kayak, elle a eu mal au __________ .
3. Le soir, ils ont fait une partie de volley et elle a joué comme un __________ .
4. Elle était en colère et elle s'est rongé les __________ .
5. Souvent, elle se monte un peu trop la __________ !
6. Il était surpris[1] et l'a regardée avec des __________ grands comme des soucoupes.

1 **être surpris/e** überrascht sein

Réviser le futur

10 *Voilà le programme du dernier jour de Lea et Jens à Marseille. Que vont-ils faire? Décris leur journée: utilise le futur simple. Écris dans ton cahier.*

8 heures 30	rendez-vous devant le lycée
9 heures	départ pour la visite de l'île d'If
13 heures	pique-nique dans le jardin des vestiges
14 heures 30	visite de Notre-Dame-de-la-Garde
16 heures	retour au lycée
18 heures	départ pour Hambourg

11 *Fais le test. Puis, réécris ton résultat à la première personne dans ton cahier.*

Un test – L'amitié pour toi, c'est important?

1 ***Ton/Ta meilleur/e ami/e a des problèmes en ce moment.***

- **a** Tu laisses tout tomber[1] pour l'aider.
- **b** Tu passes tout l'après-midi avec lui/elle mais tu rentres assez tôt pour préparer un exposé.
- **c** Tu lui téléphones souvent, mais tu ne veux surtout pas rater le bon film à la télé.

2 ***Ton ami/e veut te voir tous les jours.***

- **a** Tu trouves ça bien. L'amitié n'a pas de limites[2].
- **b** C'est beaucoup pour toi. Tu as aussi des activités qui prennent du temps.
- **c** Tu préfères choisir quand TU veux voir tes amis.

3 ***Ton ami/e est allé/e au cinéma avec un/e copain/copine sans te le dire.***

- **a** Tu penses: «Super! Il/Elle a aussi d'autres amis!»
- **b** Tu lui demandes: «Tu as aimé le film?»
- **c** Tu es triste et tu ne lui parles plus pendant toute une semaine.

4 ***Ton ami/e te dit: «Pour moi, l'amitié, c'est quand on se dit tout.»***

- **a** Tu es d'accord avec lui/elle.
- **b** Tu n'es pas du tout d'accord car ça t'ennuie d'écouter tous ces problèmes.
- **c** À ton avis, il y a des choses qu'on ne peut pas raconter, même pas à son meilleur ami.

5 ***C'est la rentrée: ton/ta meilleur/e ami/e n'est plus dans ta classe.***

- **a** C'est l'horreur! Il va falloir attendre la récré pour vous revoir.
- **b** Tu ne trouves pas ça drôle, mais vous allez vous retrouver pendant toutes les récrés!
- **c** Pour toi, c'est une catastrophe: qui va t'aider pendant les cours?

6 ***Une/e ami/e te dit: «Après mon chien, tu es mon/ma meilleur/e ami/e.»***

- **a** Tu le/la comprends parce qu'un animal, c'est aussi un ami.
- **b** Tu es déçu/e. Pour toi, l'amitié c'est vraiment autre chose.
- **c** Ça t'est égal!

1 **laisser tomber qc** alles stehen und liegen lassen 2 **la limite** die Grenze 3 **être à l'écoute de** gut zuhören können 4 **indépendant/e** unabhängig

Les résultats

Tu as trois **a** *et plus:* Pour toi, l'amitié, c'est très important et tes amis peuvent compter sur toi.

Tu as trois **b** *et plus:* Tu es à l'écoute[3] de tes amis, mais tu ne t'oublies pas et tu aimes être indépendant/e[4].

Tu as trois **c** *et plus:* Tu es assez égoïste. Est-ce que l'amitié, c'est très important pour toi?

1 *Qui? Quoi? Où? Pourquoi? Résume le texte en quelques phrases.* (→ Texte, p. 101)

____

____

____

2 *Alexandre a demandé conseil à ses copains. Complète les phrases. Utilise le conditionnel.* (→ Repères, p. 105/7)

Qu'est-ce que vous feriez à ma place?

1. À ta place, je ne l'__________ plus. *(attendre)*
2. Je __________ tout pour l'oublier. *(faire)*
3. Tu __________ regarder les autres filles. *(pouvoir)*
4. Je __________ une autre copine. *(choisir)*
5. Je ne __________ plus mon temps avec elle. *(perdre)*
6. Je ne __________ pas triste. *(être)*

3 *Lis le message de Nicolas et réponds-lui. Donne-lui des conseils. Utilise* devoir, pouvoir, à ta place, je ___ *et le conditionnel.* (→ Repères, p. 105/7)

> Je suis nouveau dans ma ville et je ne connais encore personne. Je me sens seul. Qu'est-ce que je peux faire? Donnez-moi des idées!
>
> Nicolas

____

____

4 **a** 19 *Futur simple ou conditionnel présent? Coche la bonne case.*

	1	2	3	4	5	6	7	8	9	10	11
futur											
conditionnel présent											

b 20 *Écoute encore une fois les phrases au conditionnel. Qu'est-ce qu'elles expriment? Note le numéro de chaque phrase.*

un souhait[1]	une demande[2]	une proposition[3]	une supposition[4]

1 **le souhait** der Wunsch 2 **la demande** die Bitte 3 **la proposition** der Vorschlag 4 **la supposition** die Vermutung

Réviser le préfixe «re-»

5 **a** *Explique la formation des verbes soulignés.*

Jens a beaucoup aimé la Provence et les correspondants et il aimerait revenir.
– Mais, tu es déjà monté à Notre-Dame-de-la-Garde!
– Oui, mais j'aimerais y remonter.

b *Complète les phrases avec un verbe et le préfixe* re-.

faire *voir* *trouver* *dire* *lire*

1. Les joueurs de l'équipe allemande sont sympa. On pourrait les ______________________!
2. Tu as fait trop de fautes! ______________________ cet exercice.
3. Tu pourrais ______________________ le texte s'il te plaît? Je n'ai pas bien compris.
4. Marie cherche son sac! Ah, elle l'a déjà ______________________.
5. C'est sûr: Pierre ne viendra pas avec nous en vacances. Il me l'a ______________________ hier.

Réviser les verbes et les temps

6 *Choisis le bon verbe et conjugue-le.*

C'est le mois de juillet. Jens et Lea ____________________ *(venir / rêver / être)* à Saint-Tropez avec Sarah et Valentin. Ils ____________________ *(marcher / se dire / visiter)* ce petit village de pêcheur, ____________________ *(marcher / regarder / sortir)* le long du Vieux-Port, ____________________ *(rêver / aller / regarder)* les bateaux. Ils ____________________ *(sentir / aller / voir)* l'air frais[1] qui ____________________ *(être / venir / aller)* de la mer et ils ____________________ *(acheter / rêver / manger)* une glace, les pieds dans l'eau et ils ____________________ *(rêver / être / visiter)*. Sarah ____________________ *(se souvenir / repenser / jouer)* au tournoi de volley, et à sa colère. Valentin ____________________ *(préférer / aimer / se souvenir)* de la fête où il ____________________ *(aller / voir / faire)* la connaissance de Lea. Lea et Jens ____________________ *(regarder/ savoir / être)* un peu tristes: leurs vacances leur ____________________ beaucoup ____________________ *(aimer / plaire / terminer)*, mais elles ____________________ *(finir / passer / se terminer)* et ils ____________________ *(vouloir / savoir / pouvoir)* maintenant que Sarah et Valentin n'iront pas à Hambourg au mois d'août. Leurs parents ne le ____________________ *(être / avoir / vouloir)* pas. Ils ____________________ *(parler / faire / se dire)* qu'ils s'écriront des mails, et peut-être que l'été prochain, Sarah et Valentin pourront aller à Hambourg ...

1 **l'air frais** die frische Luft

La France en direct

7 *Il y a différentes associations qui permettent aux jeunes de trouver des correspondants et de participer à des programmes d'échanges. Avec le programme Brigitte Sauzay, il est possible de passer quelques mois dans une famille en France / en Allemagne.*

a *Lis ces petites annonces et présente-les à quelqu'un qui ne parle pas français.*

b *Réponds à Margaux ou à Arthur dans ton cahier.*

c *Est-ce que tu as déjà participé à un échange? Présente ton/ta correspondant/e et raconte ce que tu as fait. Écris dans ton cahier.*

Office Franco-Allemand pour la Jeunesse, organisme d'echanges et de rencontres
http://www.ofaj.org/
Google
Apple .Mac Amazon eBay Yahoo! News

OFAJ DFJW Deutsch-Französisches Jugendwerk
Office franco-allemand pour la Jeunesse

› TOUS LES ESPACES :
› Kids › Juniors › Jeunes › Formateurs › OFAJ › Presse › Partenaires
E-cards | Forum | Chat | Newsletter | Contact | Annonces | ?

› PETITES ANNONCES

CHAT Entrez dans le chat d'OFAJ

FORUM Discutez dans le forum

NEWSLETTER Inscrivez-vous à la newsletter

Déposer une annonce | Consulter les annonces

INTITULÉ DE L'ANNONCE

échange brigitte sauzay

· **Je recherche:**

un(e) correspondant(e) pour le programme Sauzay

· **Description du poste:**

J'ai 14 ans, je suis en 4e. J'apprends l'allemand depuis trois ans. Je joue de la flûte. J'habite à Héricourt, une petite ville de l'est de la France. Je peux te recevoir, tu auras une chambre pour toi et nous pourrons aller en vacances au bord de la mer. J'ai trois sœurs plus jeunes que moi et la famille est très gaie. Je cherche une fille qui fait de la musique classique pour un échange entre juin et octobre 2008. Tu peux venir en juin, juillet et je peux venir en août et septembre.
Margaux

· **Pays recherché:**

Allemagne

Déposer une annonce | Consulter les annonces

INTITULÉ DE L'ANNONCE

Je cherche un correspondant allemand pour B. Sauzay

· **Société ou Organisme**

lycée Descartes

· **Je recherche:**

un(e) correspondant(e) pour le programme Sauzay

· **Description du poste:**

Bonjour, je m'appelle Arthur, j'ai 15 ans et je cherche un/e correspondant/e pour le programme Brigitte Sauzay.
J'habite près de Paris, et je souhaite effectuer l'échange de juin à août et nous pouvons t'accueillir de septembre à novembre 2008.
Si cela t'intéresse, réponds-moi!
À bientôt,
Arthur

PS: J'écoute de la musique rock et je fais du skate-board avec mes amis, j'ai deux frères et un chien!

· **Pays recherché:**

Allemagne

1 Qu'est-ce qu'on dit?

Traduis ces phrases dans ton cahier.

1. Er ist etwas verwirrt.
2. Du übertreibst!
3. Schummele nicht!
4. Er ist deprimiert.
5. Wir sind wütend!
6. Verallgemeinere bitte nicht.

2 Die reflexiven Verben im passé composé Les verbes pronominaux au passé composé

Qu'est-ce qu'ils ont fait? Réponds au passé composé.

1. elles / se disputer / souvent

____

2. il / se balader / la rive

____

3. ils / se retrouver / gare

____

4. elle / se reposer / match

____

3 Die Angleichung des Partizips Perfekt L'accord du participe passé

a *Pose les questions. Utilise* combien de *et* quel/le/s.

1. _______________

Nous avons gagné trois matchs.

2. _______________

Nous avons vu «Joyeux Noël» et «Ensemble c'est mieux».

3. _______________

Nous avons acheté six bouteilles de coca.

4. _______________

Nous avons visité Saint-Tropez, Monaco et Nice.

b *Accorde les participes passés:*

Marie et Sabine sont all_____ à la piscine aujourd'hui. Elles ont rencontr_____ beaucoup de copains. Julien et Mathieu, mais aussi Nicolas et Amélie. Les garçons ont jou_____ au ballon, pendant que les filles ont discut_____. Sabine a parl_____ des CD qu'elle a achet_____ hier. Combien en a-t-elle achet_____? Elle en a achet_____ trois. Marie a parl_____ de la veste que son père lui a offer_____ pour son anniversaire. Amélie, elle, a parl_____ des vacances qu'elle a pass_____ avec sa famille en Bretagne.

4 Der Gebrauch des conditionnel présent L'emploi du conditionnel présent

Conjugue les verbes au conditionnel présent.

1. – On ______________ *(pouvoir)* aller au cinéma demain soir.
2. – Oui, mais on ______________ *(devoir)* proposer à Julie de venir aussi.
3. – Bien sûr, ça lui ______________ *(faire)* sûrement plaisir.
4. – Quel film est-ce que tu ______________ *(vouloir)* voir?
5. – J' ______________ *(aimer)* bien voir le dernier film avec Guillaume Canet.
   – Ah oui, c'est une bonne idée.

5 Die Indefinitpronomen „tous/toutes" Les pronoms indéfinis «tout/tous, toute/s»

Complète.

1. Le pluriel de «tout» est ______________ .
2. Le singulier de «toutes» est ______________ .
3. Le féminin de «tout» est ______________ .
4. Ils ont ______________ fait du kayak.
5. Les Hambourgeois ont ______________ mangé.
6. Les filles sont ______________ venues.

6 Die indirekte Rede in der Vergangenheit Le discours indirect au passé

Mets ces phrases au discours indirect.

1. «Au début, l'ambiance n'est pas très bonne.» Jens a dit ______________

____

2. «On a joué super bien et on a gagné.» ______________

____

3. «Après le match, je me suis disputé avec un garçon.» ______________

____

4. «On a fait un pique-nique avant de faire la descente de la Sorgue.» ______________

____

5. «Il y a beaucoup de courant sur la Sorgue.» ______________

____

Die Lösungen findest du auf S. 96.

UNITÉ 6 Tous les chemins mènent à Paris

Approches

1 *Regarde les photos de la page 112 de ton livre. Complète les textes avec les mots suivants.*

situer construire centre-ville fleuve vraiment personnes voitures vestiges
longtemps long connue appartement région depuis
pont châteaux Palais de l'Élysée mètres menhirs visiter région sud-est

1. Les châteaux de la Loire ________________ dans la région Centre, et au bord de la Loire, le ________________ qui traverse cette ________________. Quarante-deux ________________ construits entre le Moyen-Âge[1] et la Renaissance sont à ________________ dans cette région. À ne pas manquer …

2. ________________ en 1718 par le Comte[2] d'Évreux, le ________________ est l'endroit où habite et travaille le Président de la République française ________________ 1874. Ce palais fait 11 000 mètres carrés[3]: il y a douze salons et l'________________ du président fait 300 mètres carrés. Plus de cent ________________ travaillent à l'Élysée: conseillers[4] du président, cuisiniers[5], jardiniers[6] … On y trouve tous les métiers[7].

3. On trouve beaucoup de ________________ en Bretagne: ce sont des morceaux de pierre[8], ________________ de la préhistoire bretonne. On ne sait pas ________________ ce qu'ils représentaient ni quelle était leur fonction. À explorer donc …

4. ________________ disputée[9] entre la France et l'Allemagne, cette ________________ de l'est de la France est aussi très ________________ pour son bon vin.

5. Construit en 2004, ce ________________ est le plus haut du monde avec 343 ________________ de hauteur (il est 20 mètres plus haut que la Tour Eiffel!). Les ________________ roulent à 270 mètres du sol. Il fait 2,5 kilomètres de ________________. À voir absolument.

6. Lyon est située dans le ________________ de la France, entre Paris et Marseille. Son ________________ est très joli.

1 **le Moyen-Âge** das Mittelalter 2 **le comte** der Graf 3 **le mètre carré** der Quadratmeter 4 **le conseiller** der Berater 5 **le cuisinier** der Koch
6 **le jardinier** der Gärtner 7 **le métier** der Beruf 8 **le morceau de pierre** der Brocken 9 **disputer** streiten

1 *Prépare six questions sur le texte pour ton voisin / ta voisine qui y répond.* (→ Texte, p. 115)

____

____

____

____

____

____

____

2 *Tu pars en voyage. Tu prépares ton sac. Qu'est-ce que tu emmènes? Fais une liste.*

____

____

____

____

6

Réviser les temps du passé

3 *Regarde ces photos. Choisis-en une et imagine ce que ces jeunes ont fait il y a deux heures. Écris dans ton cahier.*

aller *avoir* *téléphoner* *courir* *faire* les magasins *sortir* *partir* *rester* *arriver* *se préparer*

1

2

4 *Complète ces dialogues par deux pronoms.* (→ Repères, p. 126/4)

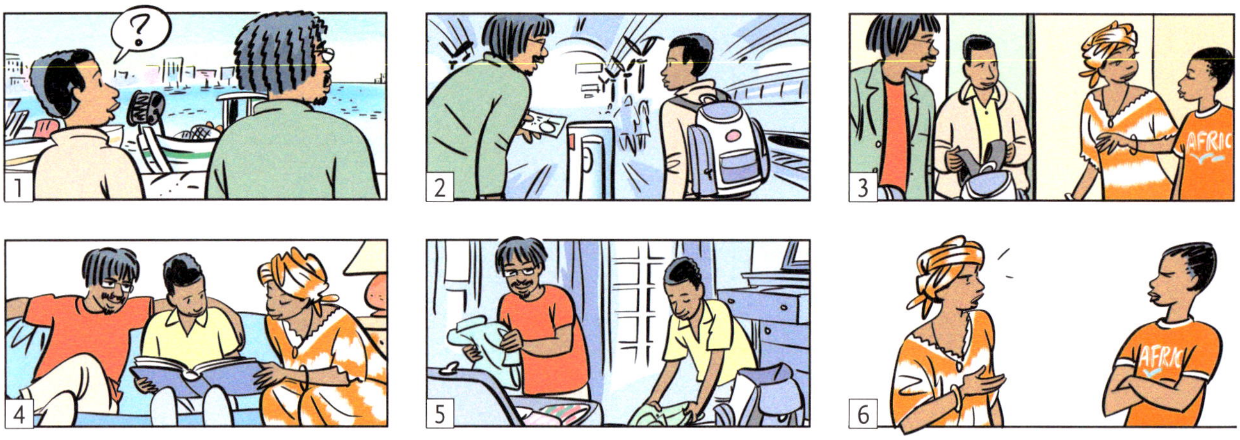

1. – Tu m'emmènes avec toi à Paris?

   – Mais oui, je ______________ ai promis!

2. – Est-ce que tu as composté les billets?

   – Non, tu ne ______________ as pas donnés!

3. – Est-ce que tu peux montrer la chambre à Moussa?

   – Bien sûr, je vais ______________ montrer.

4. – Je peux voir vos photos de Marseille?

   – Oui, on va ______________ montrer.

5. – Où sont les souvenirs de Marseille pour les cousins?

   – Je ______________ ai déjà donnés.

6. – Rends à Moussa son livre de Pennac.

   – Mais je ______________ ai déjà rendu!

5 *Retrouve l'ordre des mots et écris les réponses.* (→ Repères, p. 126/4)

1. Est-ce que tu as mis mes papiers dans le sac? (non – donnés – pas – tu – ne – as – me – les)

   ____

2. Est-ce que tu as les photos de ton voyage? (peux – si – tu – montrer – te – veux – oui – je – les)

   ____

3. Est-ce que tes parents savent quand on part? (je – leur – vais – non – dire – ce – le – soir – mais)

   ____

4. Est-ce que tu as aimé cette bédé? (la – oui – si – prête – tu – te – veux – je)

   ____

5. Est-ce que Moussa a de l'argent sur lui? (oui – donné – en – lui – je – ai)

   ____

6. Est-ce que vous pouvez nous prêter vos sacs de couchage? (jusqu'à – passer – vous – on – dimanche – les – peut)

   ____

6 *Moussa part à Paris. Écris dans ton cahier ses réponses aux questions de ses parents. Utilise deux pronoms.* (→ Repères, p. 126/4)

7 **a** *Trouve les huit formes du verbe* construire *et les douze noms et écris-les. Pense aux accents.* (→ Les verbes, p. 155)

B	V	A	C	O	N	S	T	R	U	I	R	E	E
U	K	I	O	I	M	M	E	U	B	L	E	C	C
A	P	O	N	T	F	R	C	S	C	U	T	O	O
C	O	N	S	T	R	U	I	S	O	N	S	L	N
O	B	O	T	E	O	A	N	A	N	I	D	E	S
N	A	J	R	H	U	C	E	L	S	K	O	N	T
S	T	O	U	S	T	O	M	I	T	O	C	N	R
T	I	U	I	A	E	N	A	P	R	P	C	A	U
R	M	A	R	I	L	S	I	O	U	X	H	V	I
U	E	C	O	N	S	T	R	U	I	S	A	I	T
I	N	O	N	A	S	R	U	E	S	H	T	A	I
S	T	L	T	O	E	U	S	E	E	K	E	D	U
E	G	L	I	S	E	I	P	O	N	P	A	U	X
Z	A	I	M	A	I	S	O	N	T	Y	U	C	H

b *Forme six phrases avec les mots de* **a** .

8 *Hamadou et Moussa arrivent chez Aïcha et Ousmane, les cousins d'Hamadou. Imagine la scène et écris leur dialogue dans ton cahier.*

Réviser le vocabulaire du métro

9 *Hamadou et Moussa arrivent à la gare de Lyon .*

a *Quel métro doivent-ils prendre pour arriver à Belleville chez Aïcha et Ousmane? Décris leur chemin dans ton cahier.*

b *Hamadou doit passer son concours à Bastille. Décris le chemin qu'il devra prendre pour aller passer son concours. Écris dans ton cahier.*

La France en direct

10 *Le brevet est le premier examen que les élèves français passent. Pour aider les élèves à ne pas être stressés le jour du brevet, le journal Okapi a publié une liste de conseils.*

Que faire ...

☒ La veille du jour J¹?

- Prépare ton sac: trousse complète, fiches de synthèse, n'oublie pas ta convocation et ta carte d'identité.
- Mange équilibré: mention spéciale pour les pâtes, plat idéal pour faire le plein d'énergie!
- Relis tes cours avant de dormir: le sommeil t'aide à classer les infos dans ta mémoire.

☒ Le jour J?

- Le matin, pars en avance. Demande à ton ou ta meilleur(e) ami(e) de faire le trajet avec toi. Vous pourrez vous encourager!
- Devant la salle, évite d'écouter ce que se racontent tes camarades et éloigne-toi des stressés de nature.
- Face à ta copie, lis les énoncés attentivement, entoure les mots-clés et garde un peu de temps pour te relire et te corriger.

D'après Okapi n° 825

a *Résume en allemand ce que les élèves doivent faire la veille et le jour du brevet.*

1 **le jour J** der Tag X

b *À ton avis, comment est-ce qu'on se prépare à un examen? Écris cinq conseils dans ton cahier.*

1 **a** *Corrige les phrases. Écris dans ton cahier.* (→ Texte, p. 119)

1. Je suis d'origine camerounaise et vis depuis peu dans la banlieue parisienne, à Montreuil.
2. J'aimerais entrer au lycée, y passer mon bac avec mention et trouver ensuite un emploi.
3. En banlieue, tous les HLM se ressemblent et sont loin de la vraie ville. Les gens qui y vivent sont des victimes.
4. Les jeunes de Montreuil ont une mauvaise réputation mais ils trouvent des petits boulots.
5. Depuis des années, il y a trop de problèmes de chômage. C'est pourquoi les politiciens veulent faire quelque chose pour les jeunes.
6. Je mène une vie irrégulière[1], mais je m'entends bien avec mes parents.

b *Relève, dans le texte, les passages qui montrent que Nadia est ambitieuse[2] et qu'elle sait ce qu'elle veut. Écris dans ton cahier.*

1 irrégulier/-ière unregelmäßig
2 être ambitieux/-euse ehrgeizig sein

2 *Qu'est-ce qui va ensemble? Forme des phrases. Il y a plusieurs possibilités.*

avoir *arrêter* *continuer* *entrer*
faire *passer* *quitter* *trouver*

le bac le brevet des études de ___ ses études
un emploi dans une grande école un concours l'école

____

____

____

____

____

____

____

3 *Complète la grille.*

Je trouve que Rachida [1] sa sœur.
Les [2] ne montrent que les aspects [10] de la banlieue.
Le frère de Marie est en [3] parce qu'il a brûlé des voitures.
Pour moi, la vraie ville, ça veut dire la [4] avec un grand C.
Le feu a fait trois [5].
François était au [6], mais il a retrouvé un emploi.
Je me lève à six heures tous les matins: c'est [7].
[8] tu te calmes [8] je rentre chez moi!
On a des problèmes, mais on mène une vie [9] normale.
Les jeunes d'ici ont une mauvaise [11].

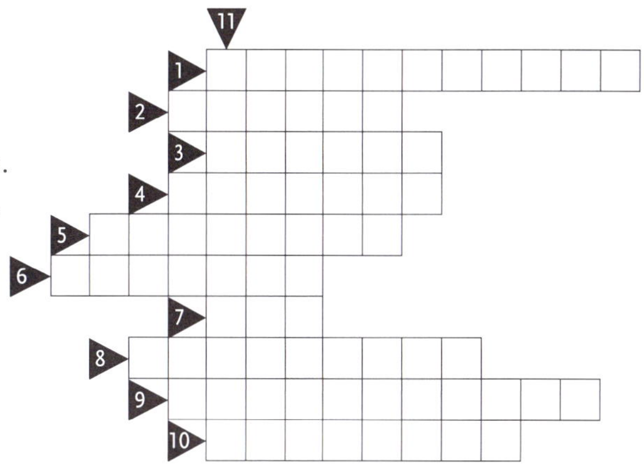

4 **a** *Complète par une forme de* lequel. (→ Repères, p. 125/3)

1. – J'adore cette chanson de Faudel, tu sais, «la la la la la».

   – ________________?

2. – Tous ces livres! Tu m'en prêtes?

   – Oui, ________________ est-ce que tu aimerais lire?

3. – Sabrina s'intéresse à l'un de ces deux jeunes là-bas.

   – Ah bon, ________________?

4. – Dis-donc, où sont passées mes baskets?

   – ________________ est-ce que tu parles?

5. – Tu me prêtes des boucles d'oreilles?

   – ________________ est-ce que tu veux?

6. – Ismaël habite dans cet immeuble.

   – ________________? Ils sont tous pareils ...

7. – Claire fait partie d'un club de judo.

   – ________________?

8. – En ce moment, je pense tout le temps aux vacances.

   – ________________? Aux dernières ou aux prochaines?

b *À toi! Écris deux dialogues comme en* **a** *. Ton voisin / Ta voisine les complète.*

____

____

____

5 **a** *Complète les questions avec une forme de* lequel. (→ Repères, p. 125/3)

b *Réponds aux questions dans ton cahier.*

1. Dans l'unité 1, les jeunes présentent leur ville. Laquelle?
2. Dans l'unité 1, Moussa parle de ses problèmes à Hamadou. ________________?
3. Dans l'unité 2, on parle d'un sport. ________________?
4. Dans l'unité 2, Juliette a passé un examen. ________________?
5. Dans l'unité 3, Alice est dans une autre ville. ________________?
6. Dans l'unité 3, on parle de deux fêtes. ________________?
7. Dans l'unité 4, une famille fait un voyage. ________________?
8. Dans l'unité 4, une famille a un nouveau projet. ________________?
9. Dans l'unité 5, on parle de plusieurs festivals. ________________?
10. Dans l'unité 5, on présente une région. ________________?
11. Dans l'unité 6, on présente les problèmes des banlieues. ________________?
12. Dans l'unité 6, Moussa attend les résultats de son examen. ________________?

6

Fais l'exercice auditif, p. 86.

Lecture

7

a *Lis ce poème et cherche les mots que tu ne connais pas dans un dictionnaire.*

b *Explique en une phrase ou deux la situation de cet enfant.*

c *Est-ce qu'il est heureux? Justifie ta réponse à l'aide du texte.*

L'enfant et la ville

Je t'écris d'une grande ville
Que les gens appellent Paris
J'ai perdu mon pays tranquille
Maint'nant papa travaille ici.

Quand j'ai vu toutes les lumières
Les magasins et les autos
Qui roulent la journée entière
J'ai trouvé que c'était très beau.

On habite un appartement
Faut monter au cinquième étage
Mais on n'y voit pas pour autant
Et le soleil et les nuages.

J'aimerais jouer dans la cour en bas
Malheureusement Maman m'a dit:
«Tu sais les enfants n'y vont pas.
Il paraît que c'est interdit».

Elle a donc rangé le vélo
Au fond de notre débarras
Et l'on reste toujours là-haut
Sauf pour l'école, quand il y en a.

La maîtresse n'est pas gentille
Peut-être qu'elle est fatiguée
Pourtant les garçons et les filles
Ici ne sont pas plus mauvais.

Dimanche prochain si je suis sage
Au jardin d'acclimatation
J'irai voir des oiseaux en cage
Des éléphants et des poissons. (...)

Il faut que j'arrête ma lettre
Mon cher Julien, mon bon copain
Ici, c'est souvent qu'on s'embête
Réponds-moi vite, je t'embrasse bien.

© Jacques Lebouteiller:
Le facteur des solitudes, 1992

1 **a** *Vrai ou faux? Coche la bonne case et corrige les phrases fausses.* (→ Texte, p. 122–123)

	vrai	faux
1. Lundi soir, à table, la famille d'Hamadou lui pose des questions sur son concours.	☐	☐
2. Il a trouvé les épreuves du concours faciles et il est sûr que l'école le prendra.	☐	☐
3. Keita a montré Paris à Moussa avant d'aller retrouver ses copains.	☐	☐
4. Sa mère lui avait demandé de rentrer pour le repas, mais il ne l'a pas fait.	☐	☐
5. Aïcha est inquiète et pense que Keita pourrait faire des bêtises s'il n'est pas occupé toute la journée.	☐	☐
6. Aïcha veut que son mari lui trouve un travail pendant les vacances.	☐	☐
7. Ousmane gronde Keita et promet à sa femme de lui trouver un boulot.	☐	☐
8. Hamadou comprend la situation et essaie de calmer ses cousins.	☐	☐
9. Ousmane pense que leur quartier est calme et sympa.	☐	☐

____

____

____

____

b *Keita ne comprend pas pourquoi ses parents se font du souci pour lui. Retrouve les passages du texte qui le montrent et note les lignes.* (→ Texte, p. 122–123)

____

____

2 *Écris le nom des magasins.*

1. ______________ 2. ______________ 3. ______________

4. ______________ 5. ______________ 6. ______________

3 *Keita veut écrire au magazine Okapi parce que ses parents sont trop sévères. Écris son texte dans ton cahier.*

Réviser le vocabulaire de la famille

4 *Qui est qui? Présente la famille Dulac.*

Léon est le mari de Jeanne et le grand-père de Marc.

5

Fais le jeu de rôle, p. 90.

6 *Souligne les formes au subjonctif présent.*

1. Aïcha aimerait que son fils travaille mieux à l'école et qu'il ait de meilleurs résultats.
2. Elle voudrait qu'il lui promette de ne plus faire de bêtises.
3. Ousmane aimerait que ses cousins viennent plus souvent à Paris.
4. Il faut absolument que nous parlions avec eux.
5. Je ne veux pas que vous vous mettiez à fumer et que vous traîniez dans les rues.
6. Maman, il ne faut pas que tu te fasses du souci.
7. Il faut que j'attende mon petit frère, car mes parents ne veulent pas qu'il rentre seul à la maison.
8. Il faudrait que ses parents soient plus sévères avec lui.

7 *Imagine une petite histoire d'après ce dessin. Écris-là dans ton cahier.*
(→ Repères, p. 125/5)

Voici quelques mots qui pourront te servir.

le distributeur	der Automat
retirer de l'argent	Geld abheben
siffler	pfeifen

La France en direct

8 **a** *Lis ce texte et coche les bonnes réponses.*

1.
- ☐ On parlait déjà le verlan au Moyen-Âge[1].
- ☐ Le verlan est né au XXe siècle[2].
- ☐ On parle le verlan depuis le début du XXIe siècle.

2. Le verlan c'est
- ☐ la langue des jeunes.
- ☐ la langue de la publicité.
- ☐ un jeu avec les mots de la langue française.

1 **le Moyen-Âge** das Mittelalter
2 **le siècle** das Jahrhundert

verlan, *nom masculin*, jeu de langue qui fonctionne comme un code: il inverse les syllabes d'un mot.
EXEMPLES zicmu → musique, féca → café.

Il existe aussi le verlan de mots monosyllabiques.
EXEMPLES ap → pas, al → là, ouf → fou.

Enfin, il existe le verlan du verlan.
EXEMPLE feumeu → meuf → femme.

Parfois on enlève ou on transforme une voyelle.
EXEMPLE reum → reumé → mère.

D'après le dictionnaire de l'argot (Larousse) le verlan trouverait ses origines vers 1954. Il était alors orthographié «vers-l'en». Le verlan est devenu très populaire dans les années 70-80 grâce aux chansons de Renaud par exemple. L'arrivée du rap français dans les années 80 et 90 a systématisé l'emploi du verlan chez les jeunes.
Le verlan ne plaît pas qu'aux jeunes. Les médias, la publicité mais aussi les autres générations l'emploient. Beaucoup de ces mots ou expressions ont la vie courte, mais d'autres entrent avec le temps dans le français standard comme laisse béton → laisse tomber.

b *À l'aide du texte, essaie de trouver la signification des mots suivants en français standard.*

1. le tromé ____________
2. la cefran ____________
3. le refre ____________
4. la meuf ____________
5. le reup ____________
6. la teuf ____________
7. la téci ____________
8. la ive ____________
9. la caillera ____________

c *Explique ce qu'est le verlan à ton copain / ta copine.*

9 *Keita passe quelques jours chez Moussa à Marseille. Souvent, il préfère sortir seul. Moussa lui donne rendez-vous en fin de journée, en ville. Mais un jour, Keita n'est pas au rendez-vous. Qu'est-ce qui a pu se passer? Que va faire Moussa? Imagine l'histoire et écris-la dans ton cahier.*

10 **a** *Comment le dire? Teste tes connaissances en français et coche la bonne réponse.*

1. ☐ Toutes les routes mènent à Rome.
   ☐ Tous les chemins emmènent à Rome.
   ☐ Tous les chemins mènent à Rome.

2. ☐ Elle est heureuse comme tous.
   ☐ Elle est heureuse comme tout.
   ☐ Elle est heureuse comme toute.

3. ☐ Céline se comprend bien avec sa mère.
   ☐ Céline entend bien sa mère.
   ☐ Céline s'entend bien avec sa mère.

4. ☐ Pour aller à la gare, il faut tourner tout droit.
   ☐ Pour aller à la gare, il faut tourner à droite.
   ☐ Pour aller à la gare, il faut tourner droit.

5. ☐ Quelle est la région la plus peuplée de France?
   ☐ Quelle est la région la plus habitée de France?
   ☐ Quelle est la région plus peuplée de France?

6. ☐ Ses parents n'ont pas confiance de lui.
   ☐ Ses parents n'ont pas confiance en lui.
   ☐ Ses parents n'ont pas confiance avec lui.

7. ☐ Ils sont arrivés en l'heure.
   ☐ Ils sont arrivés à l'heure.
   ☐ Ils sont arrivés dans l'heure.

8. ☐ Ce genre de situations, cela apporte tout droit aux problèmes.
   ☐ Ce genre de situations, cela mène à droite des problèmes.
   ☐ Ce genre de situations, cela mène tout droit aux problèmes.

b *Traduis ces expressions en allemand dans ton cahier.*

11 *Les jeunes parlent de leurs vacances de rêve. Complète le dialogue.*

[1] *Conjugue les verbes aux temps voulus.*
[2] *Le mot entre parenthèses, est-il à la forme exigée par le contexte (adjectif ou adverbe)?*
[3] *Complète par les mots suivants.*

culture cœur pays mère jours
photos semaine bateau
visiter été août dauphins

– Cet été, je ________________ [1] *(vouloir)* faire un grand voyage, ________________ [3] un autre pays, faire la connaissance d'une autre ________________ [3]...

– Oui, c'________________ [1] *(être)* ________________ [2] *(sûr)* super de découvrir quelque chose de ________________ [2] *(vrai)* différent. J'________________ [1] *(avoir)* un copain qui ________________ [1] *(aller)* au Maroc l'été dernier et depuis, il ne ________________ [1] *(parler)* que de ce ________________ [3].

– Où est-ce qu'il ________________ [1] *(aller)*?

– Il ________________ [1] *(être)* à Marrakech pendant quelques ________________ [3], et après, avec sa famille, ils ________________ [1] *(aller)* à Essaouira. Il ________________ [1] *(revenir)* avec des couleurs plein la tête et plein de ________________ [3]. ▶

6

– Moi, j'__________ [1] *(aimer)* mieux aller dans un pays froid, avec de la neige. Je __________ [1] *(faire)* du traîneau et je __________ [1] *(dormir)* dans un igloo.

– Ah non, le froid, ça ce n'__________ [1] *(être)* pas pour moi ... Je __________ [1] *(détester)* les hivers, alors pour mes vacances de rêve, je ne __________ [1] *(vouloir)* __________ [2] *(vrai)* pas avoir froid. Moi, je __________ [1] *(croire)* que je __________ [1] *(préférer)* passer mes vacances sur un __________ [3] : je __________ [1] *(être)* toujours dehors, avec le soleil, je __________ [1] *(voir)* des __________ [3] et de temps en temps, je __________ [1] *(pouvoir)* visiter des villes, le long de la côte ...

– Je ne __________ [1] *(pouvoir)* pas faire ça: j'__________ [1] *(avoir)* toujours __________ [2] *(affreux)* mal au __________ [3] sur les bateaux.

– Ah, c'est __________ [2] *(chouette)* de rêver ... mais au fait, qu'est-ce que tu __________ [1] *(faire)* cet __________ [3]?

– __________ [2] *(vrai)* rien de très intéressant: la __________ [3] prochaine, je __________ [1] *(partir)* chez mes grands-parents en Auvergne.

– Tu __________ [1] *(devoir)* encore te balader en montagne avec eux?

– Oui, __________ [2] *(malheureux)*, je __________ [1] *(croire)* bien ... Mais mes cousins __________ [1] *(être)* là aussi pour quelques jours. J'__________ [1] *(espérer)* que ce __________ [1] *(être)* sympa et qu'on __________ [1] *(faire)* la connaissance de nouveau copains ... Et ensuite, j'irai en Bretagne avec mes parents. Et toi?

– Moi? Je ne __________ [1] *(savoir)* pas encore trop. Je __________ [1] *(devoir)* aller chez mon père en __________ [3], et avant, peut-être que j'__________ [1] *(aller)* en Espagne avec ma __________ [3].

12

Fais le jeu du sport,
p. 91–92.

Bilan autocorrectif

1 Qu'est-ce qu'on dit?

Décris le quartier de Belleville.

___

___

___

2 Vocabulaire

Trouve les paires de mots qui vont ensemble.

un concours	1	a	peuplée
composter	2	b	un billet
un plat	3	c	des élections
redoubler	4	d	une banque
une région	5	e	un emploi
construire	6	f	un immeuble
un/e politicien/ne	7	g	des légumes
une entreprise	8	h	une classe
braquer	9	i	un/e candidat/e

3 Das Fragepronomen «lequel» Le pronom interrogatif «lequel»

Complète les phrases par une forme de lequel.

1. – __________ est-ce que tu veux?

– La gauche!

2. – Où sont les CD que Paul m'a prêtés?

– __________ est-ce que tu veux parler?

3. – Tu as lu le roman de Pennac qui se passe à Belleville?

– ________________ est-ce que tu penses?

4. – Je te donne des photos si tu en veux.

– Merci! ________________ est-ce que je peux prendre?

4 Die Stellung zweier Pronomen im Satz La place de deux pronoms dans la phrase

Complète les phrases. Utilise deux pronoms.

1. – Sois gentil, prête ton bateau à ta sœur!

– Non, je ne veux pas ________________ prêter!

2. – J'aimerais connaître Paris!

– On ________________ emmène pendant les vacances si tu veux.

3. – Tes boucles d'oreilles, ta montre et ton sac, vite!

– Non, je ne ________________ donnerai pas!

4. – Ces biscuits sont trop bons!

– Tu pourrais ________________ donner un!

5 «Français familier» und «français standard» Français familier et français standard

Réécris ces phrases en français standard.

1. Pourquoi tu te fous de moi? ________________________________

2. Il est ouf, ton pote! ________________________________

3. On a bien rigolé à la teuf. ________________________________

Die Lösungen findest du auf S. 97.

Exercices auditifs

Unité 1, p. 7

DELF **6** **a** 2 *Écoute ce que disent les jeunes et complète le tableau.*

	âge	classe	musique	sport
Dilan				
Leïla				
Coralie				
Mossen				

b *Écoute le texte encore une fois. Qu'est-ce que ces jeunes ont en commun? Écris dans ton cahier.*

Unité 1, p. 15

DELF **5** 4 *Écoute le texte. Note ce qui a changé dans la vie de Pauline.*

Unité 2, p. 22

DELF **14** **a** 6 *Des gens racontent qu'ils ont vu une personne bizarre. Comment est-ce qu'elle était? Écoute le texte et trouve la personne qui correspond à la description.*

b *À toi: décris cette personne. Utilise l'imparfait.*

Unité 2, p. 23

DELF **19** 7 *Écoute bien le dialogue. De quoi est-ce que Kévin et Farid parlent? Résume le dialogue en trois phrases.*

____

____

____

Unité 3, p. 28

DELF **3** 8 *Écoute: que signifie Noël pour les sept jeunes? Note les mots clés.*

1. ______________________________

2. ______________________________

3. ______________________________

4. ______________________________

5. ______________________________

6. ______________________________

7. ______________________________

Unité 3, p. 31

DELF **9** 🎧10 *Qu'est-ce qu'ils ont dit? Écoute le texte et relie les phrases à la bonne personne.*

a la musique est géniale
b les acteurs sont excellents
c c'est l'horreur
d la paix est possible
e je n'aime pas du tout ce genre de musique
f quel film ennuyeux
g un film extraordinaire

Unité 3, p. 35

DELF **8** 🎧12 *Écoute le bulletin météo et remplis les cartes.*

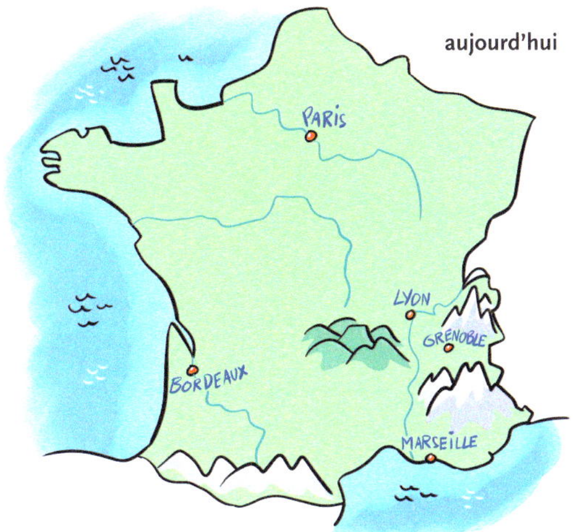

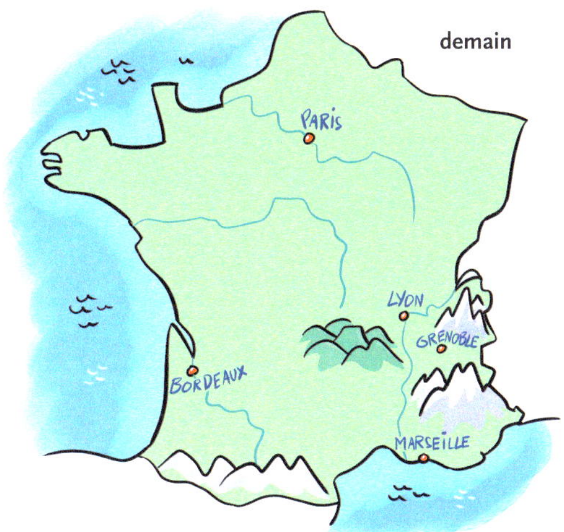

Unité 4, p. 48

DELF **8** **a** 🎧15 *Écoute les textes. Voici le plan: Qui connaît le bon chemin?*

☐ La femme.
☐ L'homme.

b 🎧15 *Réécoute le bon dialogue et trace le chemin[1].*

1 **tracer le chemin** den Weg zeichnen 2 **le conservatoire** die Musikschule

Unité 5, p. 55

DELF **4** 16 *Ces six amis se retrouvent après leurs vacances. Chacun a amené ses photos de vacances. Écoute les textes et trouve qui a fait quelle photo.*

Unité 6, p. 75

DELF **6** 21 *Écoute: lequel de ces textes correspond à ce que tu as entendu? Coche le bon texte.*

☐ Kévin habite à Saint-Denis avec sa famille. Il a 19 ans et travaille dans un restaurant. Son problème, c'est qu'il ne gagne pas beaucoup d'argent, alors il cherche un autre travail. Ses copains ont les mêmes problèmes que lui, et ensemble, ils cherchent une solution.

☐ Kévin habite à Saint-Denis. Il n'est pas très heureux parce qu'il n'a pas encore trouvé le travail de ses rêves. Il ne sait pas vraiment ce qu'il voudrait faire: il a travaillé comme serveur dans un restaurant, mais maintenant, il est au chômage et passe ses journées avec ses copains. Il aimerait bien travailler, mais il ne trouve rien qui l'intéresse.

☐ Kévin est au chômage depuis un an. Il ne sait pas ce qu'il doit faire pour trouver un travail intéressant. Sa famille lui dit qu'il doit apprendre un vrai métier, mais il n'aime pas l'école. Il préfère ne rien faire et aller voir ses copains qui sont en prison. Des fois, il travaille un peu sur les marchés, mais il ne gagne pas beaucoup d'argent.

Unité 1, p. 12

8 **a** *Lis le texte et écris dans la colonne B des mots clés de tes réponses.*

b 🎧3 *Écoute ce que Marie dit et réponds-lui.*

A	B
– Bonjour, moi c'est Marie, et toi?	______
– Tu es en vacances à Marseille?	______
– Tu viens d'où?	______
– Je suis de Marseille: j'habite Cours Belsunce, c'est dans le centre. Tu parles bien français: depuis quand est-ce que tu l'apprends?	______
– J'apprends l'anglais et l'espagnol. Ma sœur apprend l'allemand, moi je trouve que c'est trop difficile. Tu as quel âge?	______
– Moi j'ai 15 ans et demi. Je vais bientôt avoir 16 ans.	______
– Bof, je n'en ai pas trop envie. Je préfère discuter.	______
– Si, j'adore ça! Je viens souvent ici pour nager, même quand il pleut. La natation est mon sport préféré.	______
– Je fais du basket dans un club, avec ma sœur et une copine. Et toi, qu'est ce que tu aimes comme sport?	______
– C'est la première fois que tu es à Marseille?	______
– Qu'est-ce que tu as déjà vu?	______
– Plein de choses, visite le jardin des Vestiges, avec les vestiges de la ville antique, c'est très intéressant. Tu peux aussi aller à l'Estaque: c'est un quartier populaire qui a intéressé Henri Matisse par exemple. Et tu dois aussi aller sur l'île d'If: c'est l'île de Monte Cristo!	______
– Bon, tu veux toujours aller nager?	______

7 *Monsieur Schmidt est dans un restaurant avec une amie qui ne parle pas français. Prends le rôle de monsieur Schmidt.*

a *Lis le menu.*

b *Lis le texte. Écris dans ton cahier les mots clés de tes réponses.*

c 18 *Écoute ce que le serveur dit et réponds-lui.*

Salade composée
(tomates, salade, jambon, maïs, fromage)
Pan bagnat
Taboulé

Soupe de pommes de terres
Soupe au pistou

Couscous
Dinde aux olives
Saucisses aux herbes

Crêpe au chocolat
Salade de fruits
Clafoutis

A	B
– Bonjour Messieur-dames.	Herr Schmidt grüßt zurück.
– Voilà notre carte. Savez-vous déjà ce que vous voulez boire?	Herr Schmidt nimmt eine Cola, seine Freundin möchte einen Saft. Herr Schmidt fragt, ob sie Saft haben.
– Oui, bien sûr: nous avons du jus d'orange, du jus de pomme, du jus de tomate et du jus de poire.	Herr Schmidt bestellt einen Apfelsaft für seine Freundin.
– D'accord, alors je vous apporte un coca et un jus de pomme.	Herr Schmidt bedankt sich.
– Voilà vos boissons. Est-ce que vous avez choisi ce que vous voulez manger?	Herr Schmidt möchte wissen, was Couscous ist.
– C'est un plat de semoule accompagné de légumes et de viande. Le couscous est la spécialité de notre chef.	Herr Schmidt bestellt einen Couscous. Seine Freundin möchte einen Salat, aber ohne Schinken. Er fragt, ob das möglich ist.
– Oui, on peut vous faire la salade sans jambon si vous voulez.	Herr Schmidt fragt, ob man von dem Salat satt wird.
– Ah, oui, une fois qu'on a mangé la salade générale-ment, on n'a plus faim.	Herr Schmidt gibt die Bestellung auf.
– D'accord, alors une salade composée sans jambon pour madame et un couscous pour monsieur.	Herr Schmidt bejaht und bedankt sich.

Unité 2, p. 25

25 A voudrait bien faire sport-études pour devenir champion de tennis. Il discute avec un copain qui fait sport-études, et lui pose des questions sur la vie dans un internat. Il n'est pas sûr d'aimer la vie loin de ses parents et de ses copains.
B a des problèmes dans son internat car l'ambiance est mauvaise, mais il adore le tennis, et veut tout faire pour devenir un vrai champion. Il répond aux questions de A et lui donne des conseils.

a *A fait une liste des choses qu'il veut savoir. B réfléchit à ce que A va lui demander: chacun prépare son rôle et fait une liste des expressions et arguments qu'il veut utiliser dans la discussion.*

A	B
Comment est-ce que tu es entré en sport-études?	On a trois heures d'entraînement par jour.

b *Fais le jeu de rôle avec ton voisin / ta voisine.*

Unité 3, p. 38

5 *A et B sont allé(e)s à un concert. A a adoré, B pas trop. Imaginez leur discussion. Choisis d'abord un groupe de musique, puis un rôle (Voisin A ou Voisin B) et prépare tes fiches. Pense à utiliser le comparatif et le superlatif.*

a *Note les renseignements sur*

les instruments de musique	les textes	la voix
un accordéon	le refrain	

Fais une liste des expressions et arguments que tu peux utiliser dans la discussion.

A	B
Ils n'ont jamais été aussi bons.	On peut voir ça autrement.

b *Fais le jeu de rôle avec ton voisin / ta voisine.*

Unité 4, p. 46

3 **a** *Cet exercice se fait à deux. Vous êtes Place d'Armes. A cherche son chemin et demande à B de l'aider. Choisis un rôle (Voisin A ou Voisin B). Lis les cartes et prépare les expressions que tu veux utiliser pour le jeu de rôle, sur une fiche.*

Voisin A
- Tu es un des deux Autrichiens qui sont pour deux semaines au Québec.
- Vous voulez aller voir ___ . Tu demandes le chemin.
- Tu ne comprends pas bien la réponse.
- Tu ne comprends toujours pas.
- Tu racontes au jeune Québécois ce que vous faites ici.
- Tu réponds à ses questions.
- Tu lui poses des questions sur lui.
- Vous vous quittez et vous le remerciez.

Voisin B
- Tu es un jeune Québécois.
- Tu expliques le chemin aux deux jeunes Autrichiens.
- Ils ne comprennent pas, alors tu réexpliques.
- Ils ne comprennent toujours pas, alors tu les accompagnes. Tu leur demandes ce qu'ils font ici.
- Tu réponds aux questions qu'ils te posent.

b *Voici le plan de Montréal. Fais le jeu de rôle avec ton voisin / ta voisine.*

Unité 6, p. 77

5 A et B vont passer trois jours à Paris. A adore les musées, les expositions et le cinéma. Il prend toujours le métro ou le bus parce qu'il n'aime pas marcher. Il aime se coucher et se lever tôt. B pense qu'on ne visite bien une ville qu'à pied. Il adore l'ambiance des marchés et des petits magasins. En vacances, il en profite et il se couche tard et aime se lever tard aussi.

a *Chacun fait une liste des choses qu'il aimerait voir, faire ou visiter.* (→ www.parisbalades.com)

b *Chacun prépare son rôle et fait une liste des expressions et arguments qu'il veut utiliser pour la discussion.*

A	B
On pourrait partir demain matin à huit heures et aller ______	Le soir, on pourrait aller au théâtre ______
______	______
______	______

c *Fais le jeu de rôle avec ton voisin / ta voisine.*

Le jeu du sport

Règles du jeu Spielregeln

Ihr könnt dieses Spiel zu dritt, zu viert oder zu fünft spielen. In jeder Gruppe übernimmt ein/e Spieler/in die Rolle des Spielleiters. Zum Spielen braucht ihr einen Würfel und einen Stein (oder einen Knopf) pro Spieler/in.
Die Spieler decken die Seite mit den Lösungen ab und haben das Spielbrett vor sich (→ S. 92), der Spielleiter hat die Fragen mit den Lösungen vor sich (→ S. 91). Die Spieler würfeln der Reihe nach. Der Spielleiter liest die entsprechende Frage vor und überprüft die Antwort mit Hilfe der Lösungen. Ist eine Antwort nicht richtig, so kehrt der Spieler / die Spielerin zu dem Feld zurück, von dem er/sie gewürfelt hat. Wer als Erste/r am Ziel angekommen ist, hat gewonnen.

Gymnastique: Grammaire

	Questions	*Réponses*
1	Quel est le participe passé des verbes boire, croire, devoir?	bu, cru, dû
2	Mets au futur simple: «Je rentre chez moi et je fais mes devoirs, ensuite, je vais en ville.»	Je rentrerai chez moi et je ferai mes devoirs, ensuite, j'irai en ville.
3	Mets les verbes entre parenthèses au temps qui convient: «Quand j'*(être)* petit, j'*(habiter)* à Brest.»	Quand j'étais petit, j'habitais à Brest.
4	Complète: «Je viens [?] Strasbourg, [?] France, mais j'habite [?] New York, [?] États-Unis.»	de, en, à, aux
5	Complète: «Manon habite [?] Montreuil, [?] la banlieue parisienne.»	à, dans
6	Mets au passé: «Max me dit qu'il n'a pas pu venir.»	Max m'a dit qu'il n'avait pas pu venir.
7	Remplace les mots soulignés par des pronoms: «Il donne trop de devoirs aux élèves.»	Il leur en donne trop.
8	Transforme cette phrase. «Quand je serai en vacances, j'irai à la piscine.» *(«Si ...»)*	Si j'étais en vacances, j'irai à la piscine.

Ping-pong: Parlons français

	Questions	*Réponses*
1	Trouve le contraire: monter / fermer qc / grand	descendre / ouvrir qc / petit
2	Trouve un synonyme: beaucoup de / à côté de	plein de / pas loin de
3	Trouve une définition: déménager / détester	aller habiter dans une autre ville / ne pas aimer du tout
4	Dis-le autrement: «Elle a envie d'aller au cinéma.»	Elle voudrait aller au cinéma.
5	Du sagst, dass deiner Meinung nach dieser Film gut ist.	À mon avis, ce film est bien.
6	Du sagst, dass deine Noten dir egal sind.	Je me fiche de mes notes.
7	Du hast Durst und Hunger.	J'ai soif et j'ai faim.
8	Dis-le autrement: «Il a très mal joué.»	Il a joué comme un pied.

Foot: La France et les Français

	Questions	*Réponses*
1	Nomme quatre endroits qu'on peut visiter à Marseille.	la Canebière, le vieux port, la basilique Notre-Dame-de-la-Garde, le Panier
2	Donne le nom d'un écrivain français.	Victor Hugo, Daniel Pennac
3	Christophe Colomb a découvert le Canada. Vrai ou faux?	Faux: Jacques Cartier a découvert le Canada.
4	Avec quelle ville allemande est-ce que Marseille est jumelée?	Avec Hambourg.
5	Dans quelles villes françaises trouve-t-on des vestiges du passé romain?	À Nîmes, Arles, Vaison-la-Romaine, Marseille.
6	Donne le nom de deux festivals français.	Le festival du théâtre à Avignon, le festival de la bédé à Aix-en-Provence, le festival de la musique classique d'Aix-en-Provence.
7	Comment s'appèle le stade de Marseille?	le stade vélodrome
8	Donne le nom d'une station de sports d'hiver française.	Serre-Chevalier, Villars-de-Lans, Val d'Isère

Grammaire:
Tu réponds à une question de grammaire.

Parlons français:
Tu réponds à une question de vocabulaire ou d'expression.

La France et les Français:
Tu réponds à une question de civilisation.

Tu es en forme.
Avance de deux cases.
Rück zwei Felder vor!

Tu fais du yoga.
Tu passes un tour.
Du setzt einmal aus.

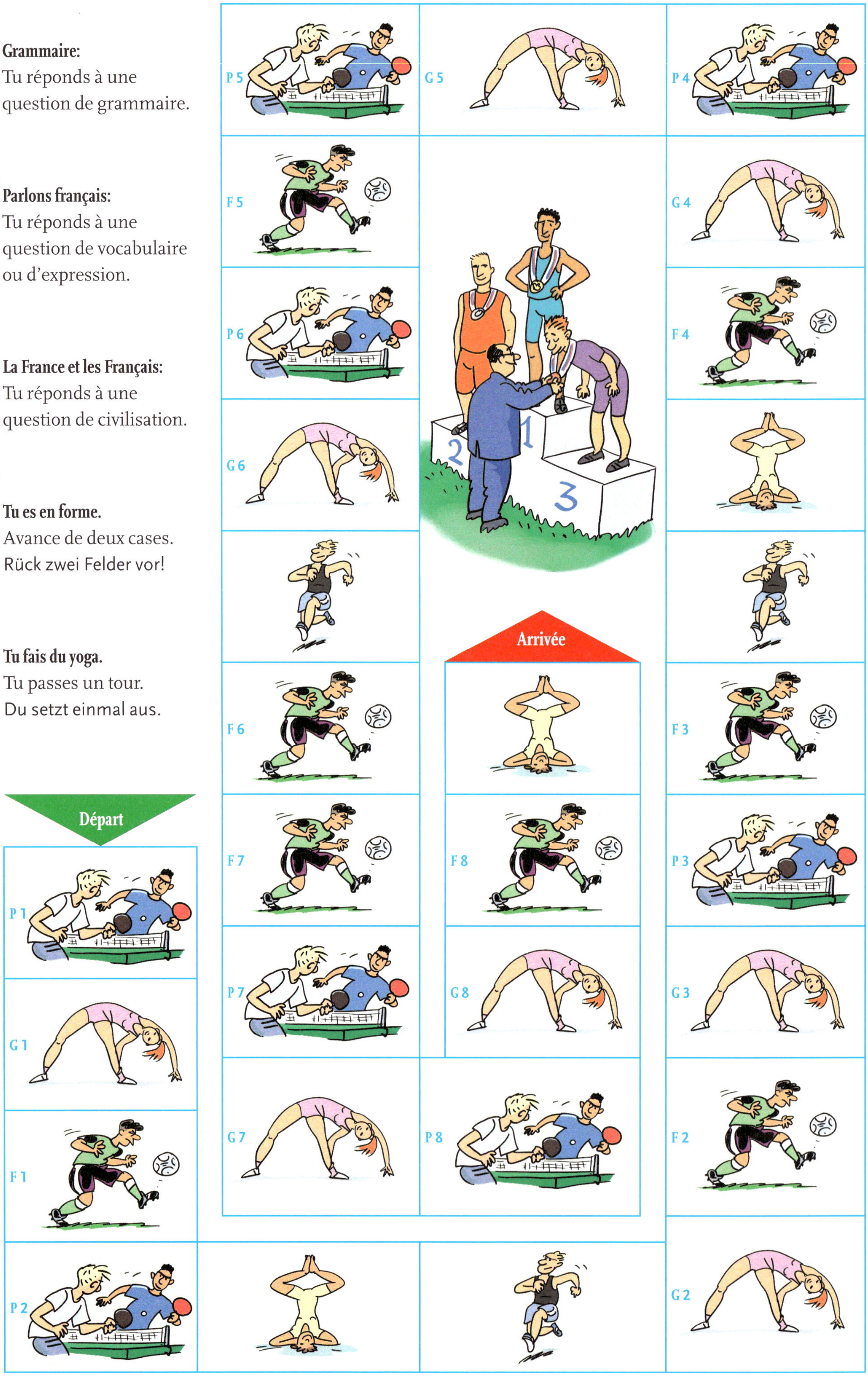

Solutions Bilan autocorrectif

Unité 1, Bilan autocorrectif, page 16

1

1. – J'ai soif. – Eh bien, bois quelque chose!
2. On travaille toute la semaine, mais le week-end, on ne fait rien.
3. – Est-ce que tu as besoin de ce stylo? – Non, tu peux le prendre.
4. Il travaille tard le soir et quand il rentre, il est très fatigué et il n'a envie de rien faire.
5. Quels sont tes endroits préférés à Paris?
6. Je ne peux pas ouvrir la porte: j'ai perdu la clé.

Wenn du Probleme hattest:
→ Lies die Texte der Unité 1 noch einmal durch und suche nach den in den Lösungen angegebenen Redewendungen.
→ Schreibe dir die Sätze auf und versuche sie auswendig zu lernen.
→ Übe noch einmal mit Hilfe der Rubrik „Qu'est-ce qu'on dit" in den „Repères" auf Seite 24.
→ Wenn du Probleme mit der Rechtschreibung im Französischen hast, dann schreibe die Redewendungen auf.

2

1. Il joue de / fait de l'accordéon.
2. Elle joue au / fait du volley.
3. Ils font de l'escalade.
4. Il fait du roller.
5. Ils jouent de la / font de la guitare.
6. Ils jouent au / font du basket.

→ Lies die Texte der Unité 1 noch einmal durch und suche nach den in den Lösungen angegebenen Redewendungen.
→ Schreibe dir die Sätze auf und versuche sie auswendig zu lernen.
→ Übe noch einmal mit Hilfe der Rubrik „Qu'est-ce qu'on dit" in den „Repères" auf Seite 24.

3

Tous les jours, Moussa pense à son problème. Il y pense tout le temps. Toute sa famille lui donne des conseils. Au collège, il parle de son problème à tout le monde. Tous ses copains lui donnent des conseils différents. Mais toutes ses copines lui disent de jouer dans le groupe.

→ Schau dir die „Repères" 2 auf Seite 24 noch einmal an.
→ Mache die folgenden Übungen noch einmal:
Livre, S. 16/5, S. 17/6;
Carnet, S. 8/9.

4

1. Non, je n'en ai pas envie.
2. Oui, j'en ai besoin.
3. J'y pars à (sept heures et demi).
4. J'en reviens à (trois heures).

→ Schau dir die „Repères" 4 auf Seite 25 noch einmal an.
→ Mache die folgenden Übungen noch einmal:
Livre, S. 20/4, S. 28/7;
Carnet, S. 11/5, 12/6.

5

1. Pierre rentre chez lui.
2. Tu rentres chez toi ou est-ce que tu veux venir chez moi?
3. Manon et son frère rentrent chez eux.
4. Elle rentre sans elles à la maison.

→ Schau dir die „Repères" 3 auf Seite 24 noch einmal an.
→ Mache die folgenden Übungen noch einmal:
Livre, S. 14/3, S. 27/6;
Carnet, S. 5/2.

6

1. Tout le monde était là et attendait le feu d'artifices.
2. Qu'est-ce que vous faisiez quand vous aviez le temps?
3. Quand je vivais en Bretagne, je mangeais beaucoup de poisson.

→ Schau dir die „Repères" 6 auf Seite 25 noch einmal an.
→ Mache die folgenden Übungen noch einmal:
Livre, S. 22/2, S. 22/3;
Carnet, S. 15/3, S. 15/4.

7

1. Non (merci), je ne veux rien prendre.
2. Non, je n'ai rien compris.
3. Non, je ne lui ai rien dit.

→ Schau dir die „Repères" 7 auf Seite 25 noch einmal an.
→ Mache die folgenden Übungen noch einmal:
Livre, S. 20/5;
Carnet, S. 12/7.

Unité 2, Bilan autocorrectif, page 26

1

1. Je suis fier/fière de toi.
2. Il/Elle est très doué/e.
3. Il me faut du temps pour me préparer.
4. J'ai peur de l'échec.

→ Lies die Texte der Unité 2 noch einmal durch und suche nach den in den Lösungen angegebenen Redewendungen.
→ Schreibe dir die Sätze auf und versuche sie auswendig zu lernen.
→ Übe noch einmal mit Hilfe der Rubrik „Qu'est-ce qu'on dit" in den „Repères" auf Seite 38.
→ Wenn du Probleme mit der Rechtschreibung im Französischen hast, dann schreibe die Redewendungen auf.

2

infinitif	*présent de l'indicatif*	*imparfait*	*participe passé*
réagir	je réagis	je réagissais	réagi
applaudir	tu applaudis	tu applaudissais	applaudi
réfléchir	il/elle réfléchit	il/elle réfléchissait	réfléchi
choisir	nous choisissons	nous choisissions	choisi
réussir	vous réussissez	vous réussissiez	réussi
rougir	ils/elles rougissent	ils/elles rougissaient	rougi

→ Schau dir noch einmal „Les verbes" auf Seite 153 an.
→ Mache die folgenden Übungen noch einmal:
Carnet, S. 20/5, S. 20/6.

3 Quand j'étais chez mes parents, je faisais du rugby dans un petit club. Comme j'étais bon et que j'aimais ça, mon entraîneur m'a dit de faire sport-études. Alors, j'ai passé des tests et j'ai réussi. Il faut aussi avoir de bonnes notes en classe et moi, j'ai toujours été bon élève, mais j'avais quand même un peu peur. Enfin, j'ai eu de la chance et tout a bien marché.

→ Schau dir die „Repères" 3 und 4 auf Seite 38/39 noch einmal an.
→ Mache die folgenden Übungen noch einmal:
Livre, S. 34/7, S. 35/8, S. 35/9, S. 35/10, S. 40/2; S. 40/3;
Carnet, S. 20/7, S. 20/9, S. 21/10, S. 21/11.

4
1. Antonin jouait souvent très bien.
2. Ce soir-là, il a marqué trois buts.
3. Avant, il avait dribblé tous les joueurs.
4. Alors, j'ai pensé qu'il doit faire sport-études.
5. Après le match, je lui ai parlé.
6. J'en avais déjà parlé une fois à ses parents.

→ Lies die Rubrik „Qu'est-ce qu'on dit" in den „Repères" auf Seite 38.
→ Mache die folgenden Übungen noch einmal:
Livre, S. 40/3;
Carnet, S. 21/12.

5
1. Ce matin, nous étions fatigués parce que nous avions regardé la télé très tard.
2. Elle était retournée chez elle parce qu'elle avait oublié son sac.
3. J'étais arrivé/e à 14 heures parce que tu m'avais dit de ne pas venir avant midi.

→ Schau dir die „Repères" 5 auf Seite 39 noch einmal an.
→ Mache die folgenden Übungen noch einmal:
Livre, S. 36/12;
Carnet, S. 22/15, S. 22/16.

6
1. Nous avons peur de perdre le match parce que nous ne réagissons pas assez vite.
2. Ma copine a envie d'aller au cinéma ce soir. Elle essaie de trouver quelqu'un qui veut voir le même film qu'elle.
3. Ma sœur et moi, nous aimons faire du sport. Nous adorons nager, alors nous avons décidé d'aller trois fois par semaine à la piscine.
4. Mon copain a toujours l'impression d'être très bon en sport, mais ce n'est pas vrai.

→ Schau dir die „Repères" 6 auf Seite 39 noch einmal an.
→ Mache die folgenden Übungen noch einmal:
Livre, S. 36/13, S. 36/14;
Carnet, S. 24/21.

7
1. Les spectateurs encouragent leur équipe: ils applaudissent comme des fous.
2. Un joueur est tombé: il a mal à la jambe.
3. Il ne court pas assez vite / il joue mal.
4. Un joueur dribble les joueurs de l'équipe adverse. Il va marquer un but.
5. Il a peur du ballon.
6. Deux joueurs se disputent.

→ Lies die Texte der Unité 2 noch einmal durch und suche nach den in den Lösungen angegebenen Redewendungen.
→ Schreibe dir die Sätze auf und versuche sie auswendig zu lernen.
→ Mache die folgenden Übungen noch einmal:
Livre, S. 36/15, S. 41/5.

Unité 3, Bilan autocorrectif, page 41

1
a l'été, l'hiver
b Il y a de la neige, il y a des nuages, il gèle, il pleut et il y a du soleil.
c Le temps: das Wetter, le temps: die Zeit

→ Lies die Texte der Unité 3, Séquence 2 noch einmal durch und suche nach den in den Lösungen angegebenen Redewendungen.
→ Wenn du Probleme mit der Rechtschreibung im Französischen hast, dann schreibe die Redewendungen auf.
→ Mache die folgenden Übungen noch einmal:
Livre, S. 54/7, S. 55/9;
Carnet, S. 35/8.

2 Coralie va aux États-Unis, Magalie en Italie. Mourad vient du Maroc et Aline habite en Allemagne. Sophie vient d'Italie et elle va au Mali.

→ Schau dir die „Repères" 2 auf Seite 59 noch einmal an.
→ Mache die folgenden Übungen noch einmal:
Livre, S. 50/7;
Carnet, S. 29/4, S. 30/5, S. 39/7.

3
1. Les pistes en Thuringe sont plus courtes et moins difficiles que dans les Alpes. Les pistes les plus dangereuses d'Europe sont à Chamonix.
2. Le film le plus drôle et le plus populaire de Djamel Debbouze, c'est «Astérix et Cléopâtre». Son film le plus humain, c'est «Indigènes».
3. À ton avis, l'arabe, c'est plus facile, moins facile, ou aussi facile que l'allemand? Je ne sais pas, mais en tous cas, la langue la plus difficile, c'est le chinois.

→ Schau dir die „Repères" 4/5 auf Seite 59/60 noch einmal an.
→ Mache die folgenden Übungen noch einmal:
Livre, S. 54/4, 58/4, 58/5, 63/4;
Carnet, S. 34/5.

4
1. Non, je ne suis jamais allé(e) à Paris.
2. Non, je n'ai vu personne dans la rue.
3. Non, ils n'ont rien dit.

→ Schau dir die „Repères" 7 auf Seite 60 noch einmal an.
→ Mache die folgenden Übungen noch einmal:
Livre, S. 54/5, S. 54/6;
Carnet, S. 33/3, S. 34/4.

5
a heureusement, gentiment, définitivement, facilement, vraiment, sûrement

b
1. Ce garçon est gentil.
2. Je suis vraiment contente.
3. Pour aller au collège, c'est facile, c'est en face de chez moi.
4. À la piscine, j'ai fait la connaissance d'un garçon très heureux/gentil.
5. J'ai oublié mon anorak à l'école, mais heureusement je l'ai retrouvé.

→ Schau dir die „Repères" 5 auf Seite 60 noch einmal an.
→ Mache die folgenden Übungen noch einmal:
Livre, S. 49/5, S. 50/6;
Carnet, S. 30/6, S. 31/7.

Unité 4, Bilan autocorrectif, page 53

1 l'hiver: la neige, geler, le froid, le carnaval, le ski, la motoneige, l'igloo, les raquettes, la luge, le traîneau, la sculpture de neige, le hockey sur glace, la glace, l'anorak.

→ Lies die Texte der Unité 4 noch einmal durch und suche nach den in den Lösungen angegebenen Wörtern.
→ Lerne die verschiedenen Wörter mit Hilfe der „Liste chronologique" auf Seite 186 deines Schülerbuches.
→ Schreibe dir die Wörter auf und versuche sie auswendig zu lernen.
→ Mache folgende Übungen noch einmal:
Carnet, S. 43/1, S. 46/2, S. 50/2.

2
1. La forêt est couverte de neige.
2. Il gèle toujours, même en août.
3. Montréal est la ville la plus importante du Québec.
4. Le village est situé sur la rive gauche du fleuve.
5. Il y a un parc en pleine ville.

→ Lies die Texte der Unité 4 noch einmal durch und suche nach den in den Lösungen angegebenen Redewendungen.
→ Schreibe dir die Redewendungen auf und versuche sie auswendig zu lernen.
→ Übe dann noch einmal, mit Hilfe der Rubrik „Qu'est-ce qu'on dit" in den „Repères" auf Seite 83.

3 *infinitif:* découvrir, faire, sentir, vendre, paraître
3e personne du singulier futur: il/elle/on découvrira, il/elle/on fera, il/elle/on sentira, il/elle/on vendra, il/elle/on paraîtra
3e personne du singulier passé composé: il/elle/on a découvert, il/elle/on a fait, il/elle/on a senti, il/elle/on a vendu, il/elle/on a paru

→ Schau dir noch einmal die „Repères" 4 auf Seite 83 deines Schülerbuches an.
→ Schau dir die Verbkonjugation in „Les verbes", Seite 153 an.
→ Mache folgende Übungen noch einmal:
Livre, S. 71/3, S. 72/4, S. 76/4, S. 85/1;
Carnet, S. 44/3, S. 47/5.

4
1. Parle-moi de cette histoire.
2. Ne lui dis pas «Bonjour».
3. Pose-leur cette question.
4. Ne l'écoutez pas.
5. Ne m'attendez pas.
6. Lève-toi.

→ Schau dir noch einmal die „Repères" 7 auf Seite 84 deines Schülerbuches an.
→ Schau dir die Verbkonjugation in „Les verbes", Seite 153 an.
→ Mache folgende Übungen noch einmal:
Livre, S. 77/6, S. 77/7, S. 81/6;
Carnet, S. 47/6, S. 48/8, S. 50/3, S. 51/4.

5
1. Il vivra à Montréal.
2. Il n'aura pas encore beaucoup d'amis.
3. Personne ne le connaîtra encore.
4. Il ne paraîtra pas du tout sûr de lui.
5. Il ne pourra pas faire le guide à Montréal.

→ Schau dir noch einmal die „Repères" 4 auf Seite 83 deines Schülerbuches an.
→ Schau dir die Verbkonjugation in „Les verbes", Seite 153 an.
→ Mache folgende Übungen noch einmal:
Livre, S. 71/3, S. 72/4, S. 76/4, S. 85/1;
Carnet, S. 44/3, S. 46/4, S. 47/5.

6
1. Er läuft so schnell (wie) er kann.
2. Er läuft am schnellsten.
3. Sie läuft schneller als er.
4. Ils/Elles ne rient pas aussi souvent que nous.
5. C'est là qu'on rit le plus.
6. Il gèle moins souvent que chez nous.

→ Schau dir noch einmal die „Repères" 2 auf Seite 83 deines Schülerbuches an.
→ Mache folgende Übungen noch einmal:
Livre, S. 81/4, S. 81/5;
Carnet, S. 51/5, S. 51/6.

Unité 5, Bilan autocorrectif, page 66

1
1. Il est un peu troublé.
2. Tu exagères.
3. Ne triche pas!
4. Il a les idées noires.
5. Nous sommes en colère.
6. Ne généralise pas s'il te plaît!

→ Lies die Texte der Unité 5 noch einmal durch und suche nach den in den Lösungen angegebenen Redewendungen.
→ Schreibe dir die Redewendungen auf und versuche sie auswendig zu lernen.
→ Übe dann noch einmal, mit Hilfe der Rubrik „Qu'est-ce qu'on dit" in den „Repères" auf Seite 104 deines Schülerbuches.

2
1. Elles se sont souvent disputées.
2. Il s'est baladé sur la rive.
3. Ils se sont retrouvés à la gare.
4. Elle s'est reposée après le match.

→ Schau dir noch einmal die „Repères" 5 auf Seite 105 deines Schülerbuches an.
→ Schau dir die Verbkonjugation in „Les verbes", Seite 153 an.
→ Mache folgende Übungen noch einmal:
Livre, S. 95/6, S. 95/7;
Carnet, S. 57/6, S. 57/7.

3

a
1. Combien de matchs avez-vous gagnés?
2. Quels films avez-vous vus?
3. Combien de bouteilles de coca avez-vous achetées?
4. Quelles villes avez-vous visitées?

b Marie et Sabine sont allées à la piscine aujourd'hui. Elles ont rencontré beaucoup de copains. Julien et Mathieu, mais aussi Nicolas et Amélie. Les garçons ont joué au ballon, pendant que les filles ont discuté. Sabine a parlé des CD qu'elle a achetés hier. Combien en a-t-elle achetés? Elle en a achetés trois. Marie a parlé de la veste que son père lui a offerte pour son anniversaire. Amélie, elle, a parlé des vacances qu'elle a passées avec sa famille en Bretagne.

→ Schau dir noch einmal die „Repères" 6 auf Seite 105 deines Schülerbuches an.
→ Mache folgende Übungen noch einmal:
Livre, S. 98/4, S. 99/5, S. 99/6;
Carnet, S. 60/4, S. 60/5, S. 60/6.

4
1. – On pourrait aller au cinéma demain soir.
2. – Oui, mais on devrait proposer à Julie de venir aussi.
3. – Bien sûr, ça lui ferait sûrement plaisir.
4. – Quel film est-ce que tu voudrais voir?
5. – J'aimerais bien voir le dernier film avec Guillaume Canet.
   – Ah oui, c'est une bonne idée.

→ Schau dir noch einmal die „Repères" 8 auf Seite 105 deines Schülerbuches an.
→ Schau dir die Verbkonjugation in „Les verbes", Seite 153 an.
→ Mache folgende Übungen noch einmal:
Livre, S. 102/3, S. 102/4, 7, S. 103/5;
Carnet, S. 63/2, S. 63/3, S. 63/4.

5
1. Le pluriel de «tout» est tous.
2. Le singulier de «toutes» est toute.
3. Le féminin de «tout» est toute.
4. Ils ont tous fait du kayak.
5. Les Hambourgeois ont tout mangé.
6. Les filles sont toutes venues.

→ Schau dir noch einmal die „Repères" 2 auf Seite 104 deines Schülerbuches an.
→ Mache folgende Übungen noch einmal:
Livre, S. 99/7;
Carnet, S. 61/8.